Kiliansdom zu Würzburg

Johannes Sander

KILIANSDOM ZU WÜRZBURG

SCHNELL + STEINER

Umschlagvorderseite: Kreuzgang, Innenhof nach Nordwesten, Foto: Peter Eberts, Bamberg.
Umschlagsrückseite: Sakramentshaus von Albert Schilling, Foto: Peter Eberts, Bamberg.
Frontispiz: Grabdenkmal Fürstbischof Rudolf II. von Scherenberg, Detail. Foto: Peter Eberts, Bamberg.
Grundriss: Emmert, Jürgen / Lenssen, Jürgen / Schneider, Wolfgang: Kiliansdom Würzburg, Kleiner Kunstführer Nr. 232, Regensburg 2016.

Abbildungsnachweis:
S. 8: Stadtarchiv Würzburg
S.10–14: Architectura Virtualis
S. 15, 21, 23, 24, 26–37, 39, 40, 41 li, 42, 43 o, 44 o, 45–50 li, 51 re, 53, 54, 58 re, 62 li, 63, 68–73, 75, 77 re, 87 o, 89–91, 92 li, 94 li: Peter Eberts, Bamberg
S. 16/17: Martin von Wagner Museum, Würzburg
S. 18: Bayerisches Landesamt für Denkmalpflege, Foto: K. Gundermann
S. 20: Diözesanarchiv Würzburg
S. 25, 43 u, 44 u, 55 li, 66 li, 77 li, 80 li, 81, 82 li, 85, 88, 94 re, 96: Ulrich Kneise
S. 38 li, 41 re, 50 re, 51 li, 56, 57, 58 li, 59, 60, 64, 66 re, 87 u: Thomas Obermeier
S. 38 re, 55 re, 62 re, 65, 74, 79, 80 re, 82 re, 83, 84, 92 re: Johannes Sander
S. 89, 90: © Georg-Meistermann-Nachlassverwaltung, Dr. Justinus Maria Calleen / VG Bild-Kunst, Bonn 2023.
S. 91: © VG Bild-Kunst, Bonn 2023.

Bibliographische Informationen der Deutschen Nationalbibliothek:
Die Deutsche Nationalbibliothek verzeichnet diese Publikation
in der Deutschen Nationalbibliographie; detaillierte bibliographische Daten
sind im Internet über https://dnb.de abrufbar.

1. Auflage 2023
© 2023 Verlag Schnell & Steiner GmbH, Leibnizstraße 13, 93055 Regensburg
Layout und Satz: typegerecht berlin
Druck: Grafisches Centrum Cuno GmbH & Co. KG, Calbe

ISBN 978-3-7954-3837-1

Diese Veröffentlichung bildet Band 274 in der Reihe
»Große Kunstführer« unseres Verlages.
Begründet von Dr. Hugo Schnell (†) und Dr. Johannes Steiner (†).

Alle Rechte vorbehalten. Ohne ausdrückliche Genehmigung des Verlags ist es
nicht gestattet, dieses Buch oder Teile daraus auf fototechnischem oder
elektronischem Weg zu vervielfältigen.

Weitere Informationen zum Verlagsprogramm erhalten Sie unter:
www.schnell-und-steiner.de

INHALT

6
GELEITWORT

9
GESCHICHTE
Bistumsgründung und Vorgängerbauten • Der Dom des 11. und 12. Jahrhunderts
Vom späten Mittelalter bis zum 20. Jahrhundert
Von der Zerstörung 1945/46 bis zur Gegenwart

23
AUSSENBAU
Gestalt • Außenportale • Steinurkunde und Grabplatten

26
INNENRAUM
Die Spuren der Umformungen des späten 15. bis 18. Jahrhunderts
Neuinterpretation und liturgische Ausstattung nach dem Zweiten Weltkrieg
Innenportale

40
AUSSTATTUNG
Taufbecken • Dreikönigsgruppe • Kanzel • Weitere • Skulpturen • Wandbilder und Gemälde
Grabdenkmäler der Fürstbischöfe und Bischöfe • Weitere Grabplatten und Grabdenkmäler
Haupt- und Querhausorgel • Glocken

69
KRYPTA UND ANBAUTEN
Krypta · Schönbornkapelle · Kreuzgang · Ehem. Kapitelhaus und Sepultur
Lapidarium und Domschatz

95
Zeittafel

96
Ausgewählte Literatur

GELEITWORT

Wer über die Alte Mainbrücke in die Stadt geht, richtet seinen Blick unwillkürlich auf die Westfassade des Kiliansdoms mit ihren mächtigen Doppeltürmen. Es ist immer noch ein erhebendes Bild – selbst wenn die Häuser in der Domstraße im Laufe der Jahrhunderte höher geworden sind –, wie das Haus Gottes unter den Häusern der Menschen aufragt. Die Botschaft war und ist, dass uns im Raum des Glaubens, der Kirche, ein noch größeres Zuhause geschenkt ist als in unseren irdischen Wohnungen, ja dass uns Gott am Ende unserer Tage eine endgültige Heimat gibt im himmlischen Jerusalem. Dafür ist jede Kirche ein Abbild – von der kleinsten, bescheidenen Kapelle bis hin zu den großen, kunst- und kirchengeschichtlich bedeutsamen Kathedralen.

Beim Überqueren des Mains auf dem Weg zum Dom wird in Würzburg noch ein weiterer Gedanke lebendig, nämlich dass wir jenseits des Flusses dieser Zeit eine ewige Heimat erwarten dürfen. Seine sinnenfällige Bestärkung findet dieser Gedanke darin, dass uns auf der im Hochmittelalter errichteten Würzburger Steinbrücke seit der prächtigen barocken Ausgestaltung im 18. Jahrhundert Heiligenfiguren rechts und links den Weg zum Dom weisen. Die Schar der Heiligen wird sich noch um einiges vervielfachen, wenn wir den Dom betreten und im Chor des Domes die vielen Glaubenszeugen, die in besonderer Weise mit dem Frankenland verbunden sind, sehen. Überragt werden sie vom wiederkommenden Christus, der großen Erwartung unseres Glaubens.

Der Würzburger Dom ist ein bedeutendes Zeugnis der Kunstgeschichte, vor allem aber der Glaubens- und Kirchengeschichte. Das kommt in diesem Domführer immer wieder zum Ausdruck. Der Dom erzählt vom Weg des Glaubens. Wir betreten den Dom, das Haus Gottes durch ein Portal, das die Schöpfungsgeschichte in der Formsprache gegenwärtiger Kunst ins Bild setzt. Die ganze Schöpfung ist das uns von Gott geschenkte »gemeinsame Haus«, wie es Papst Franziskus in seiner Enzyklika »Laudato si« ausführt. Gleich nach dem Eingang steht die Menora, der siebenarmige Leuchter, der auf den Bund Gottes mit seinem Volk Israel und an unsere älteren Geschwister im Glauben, die Juden, erinnert. Er ist als Mahnung an eine vielfältig belastete Geschichte zu sehen. Er verweist aber auch darauf, dass dieser Bund allen Völkern verheißen ist.

Vorbei an den drei Weisen aus dem Osten, den drei Königen, die Gott suchen und ihn im Kind der Muttergottes Maria finden, führt uns der Weg in die Mitte des Langhauses, wo sich das reich geschmückte mittelalterliche Taufbecken befindet. Daneben trägt eine schlichte Säule die Osterkerze. Im Wasser der Taufe wird der Bund Gottes mit uns Menschen erneuert und im Licht der Auferstehung uns Hoffnung und Zuversicht zugesprochen. Wir empfangen in der Taufe das Licht Christi. Es begleitet uns durch Zeit und Raum. Christus, der uns erlöst hat, führt uns dorthin, wo er uns entgegenkommt mit all seinen Heiligen. So wird es uns zugesagt bei der Übergabe der Kerze in der Tauffeier und diese Botschaft wird greifbar, wenn wir vom Taufbecken aus nach Osten in den Chor blicken.

Hier erinnert uns das Triumphkreuz im Chorbogen an die Erlösung durch Jesus Christus. Dahinter krönt das Bild des Dreifaltigen Gottes den Scheitel des Apsisbogens und verkündet,

GELEITWORT

in welche Herrlichkeit Jesus Christus eingegangen ist. Am Gesims des Apsisbogens sowie des Chorgewölbes bezeugen Maria in der Mitte und die Apostel diese Glaubensbotschaft. Große Gestalten aus der 1.300-jährigen Glaubensgeschichte unseres Bistums – angefangen bei Kilian und seinen Gefährten bis hin zu den Zeuginnen und Zeugen des Glaubens in unserer jüngsten Vergangenheit – treten uns an der Chorwand entgegen. Alle Blicke zieht schließlich an prominenter Stelle der Hauptapsis die Gestalt des wiederkommenden und endzeitlichen Christus auf sich. Wir gehen, haben Vergehen – ER kommt, kommt uns entgegen.

Das Programm der Domausstattung findet erst seinen Abschluss, wenn die »lebendigen Steine« (1 Petr 2,5) hinzutreten, sich das gegenwärtige Volkes Gottes von Würzburg mit seinem Bischof und dem Domkapitel versammelt, um gemeinsam die Freude des Evangeliums von der Liebe und Barmherzigkeit Gottes in Wort und Tat in unseren Tagen zu bezeugen. Wenn wir in der Vierung, wo das Längsschiff mit dem Querschiff sich kreuzt, am Tisch des Wortes und des Brotes Eucharistie feiern, begegnet uns Christus schon jetzt. Wo der Raum sein Zentrum findet, begeht die Kirche das österliche Mahl, um Kraft zu schöpfen und um selbst zu Brot und Wein für die Welt zu werden. Dies soll aber im Bewusstsein geschehen: Die Eucharistie ist »nicht eine Belohnung für die Vollkommenen, sondern ein großzügiges Heilmittel und eine Nahrung für die Schwachen« (Papst Franziskus, Evangelii Gaudium, 47). Besonders gilt es aber auch zu bedenken: »Die Kirche ist berufen, immer das offene Haus des Vaters zu sein« (ebd.).

Ich wünsche Ihnen allen beim Lesen dieses Domführers und beim Besuchen des Domes, dass sie zusammen mit den bau- und kunstgeschichtlichen Hinführungen auch einen Zugang zu seinen religiösen Botschaften finden und so auch Ermutigung und Stärkung für den je eigenen Lebens- und Glaubensweg erfahren.

Ein herzliches Wort des Dankes richte ich zuerst an Privatdozent Dr. Johannes Sander für den Text, der eine Fülle von Fakten bündelt und ein umfassendes Bild der Geschichte und Gestalt des Domes bietet. Ein Dank gilt auch Prof. Dr. Wolfgang Weiß (Universität Würzburg), der dieses Projekt initiiert und begleitet hat. Ebenso gilt der Dank Dr. Jürgen Emmert und Dr. Wolfgang Schneider aus der Abteilung Kunst im Bischöflichen Ordinariat Würzburg für hilfreiche Hinweise und besonders für die Bereitstellung der Abbildungen. Für die große finanzielle Unterstützung danke ich der Diözese Würzburg und der Dompfarrkirchenstiftung Würzburg. Nur durch dieses vielseitige Zusammenwirken war es möglich, dass dieser Große Kirchenführer über den Würzburger Kiliansdom nun erschienen ist.

Würzburg, zum Pfingstfest 2023

Ulrich Boom
Dompropst und Weihbischof

GESCHICHTE

BISTUMSGRÜNDUNG UND VORGÄNGERBAUTEN

Spätestens seit dem ausgehenden 7. Jahrhundert muss es im heutigen Würzburger Stadtgebiet eine Befestigung gegeben haben, die durch eine von Herzog Hedan II. 704 »in castello Virteburch« ausgestellte Urkunde bezeugt ist. Die Lage dieser Burganlage ist nicht sicher: Wahrscheinlich befand sie sich auf dem heutigen Marienberg im Bereich der späteren Festung, womöglich aber auch unten im Tal des Flusses, wo archäologische Funde schon für die Merowingerzeit Besiedlungen bezeugen. Rechts des Maines sollen 689 die drei irischen Wandermönche Kilian, Kolonat und Totnan ihren Märtyrertod gefunden haben. Als Ort des Martyriums und der ersten Grabstätte der später sogenannten Frankenapostel wird die westliche Krypta (Kiliansgruft) der dem heutigen Dom nördlich benachbarten Neumünsterkirche betrachtet. Etwa ein halbes Jahrhundert später, 741 oder 742, fand an dem günstig gelegenen Ort die Gründung des Bistums Würzburg durch den vom Papst autorisierten Missionsbischof Bonifatius statt. Erster Bischof wurde der ebenfalls aus dem angelsächsischen Raum stammende Burkard (742–753).

Auch wenn es Hinweise gibt, dass in jener Frühzeit der Schwerpunkt Würzburgs noch auf der linken Mainseite und eventuell auf dem befestigten Berg sogar die erste Bischofskirche zu suchen sind, so verlagerte sich das kirchliche Zentrum des jungen Bistums bald auf die rechte Mainseite. Die neue Domkirche wurde wahrscheinlich in Anwesenheit Karls des Großen 787 oder 788 auf das Salvatorpatrozinium geweiht. Lorenz Fries, fürstbischöflicher Sekretär und Archivar, berichtet in seiner Chronik der Würzburger Bischöfe im mittleren 16. Jahrhundert, der erste Dom habe nicht am jetzigen Ort, sondern etwa fünfzig Meter weiter nördlich am Ort, wo sich heute das Neumünster erhebt, gestanden. Historisch-kritische Forschung lässt diese Behauptung glaubwürdig erscheinen, kann sie aber nicht endgültig belegen.

Grabungen am und im kriegszerstörten Dom ab 1946 haben die Spuren zweier Vorgängerbauten zutage gefördert. Die ältere, wohl in der zweiten Hälfte des 9. Jahrhunderts nach der Brandzerstörung der bisherigen Kathedrale 855 errichtete Kirche war eine dreischiffige Basilika mit einer Art Narthex (Vorhalle) im Westen. Vermutlich im Lauf des 10. Jahrhunderts wurde sie durch einen Neubau ersetzt, von dem außer dem dreischiffigen Langhaus der Westbau recht gut fassbar ist. Er bestand aus einem quergelagerten Mittelteil und zwei flankierenden Rundtürmen. Die Ostpartien dieser ersten beiden Dome an heutiger Stelle sind hingegen unbekannt.

◁ Außenansicht von Nordwesten vor 1945

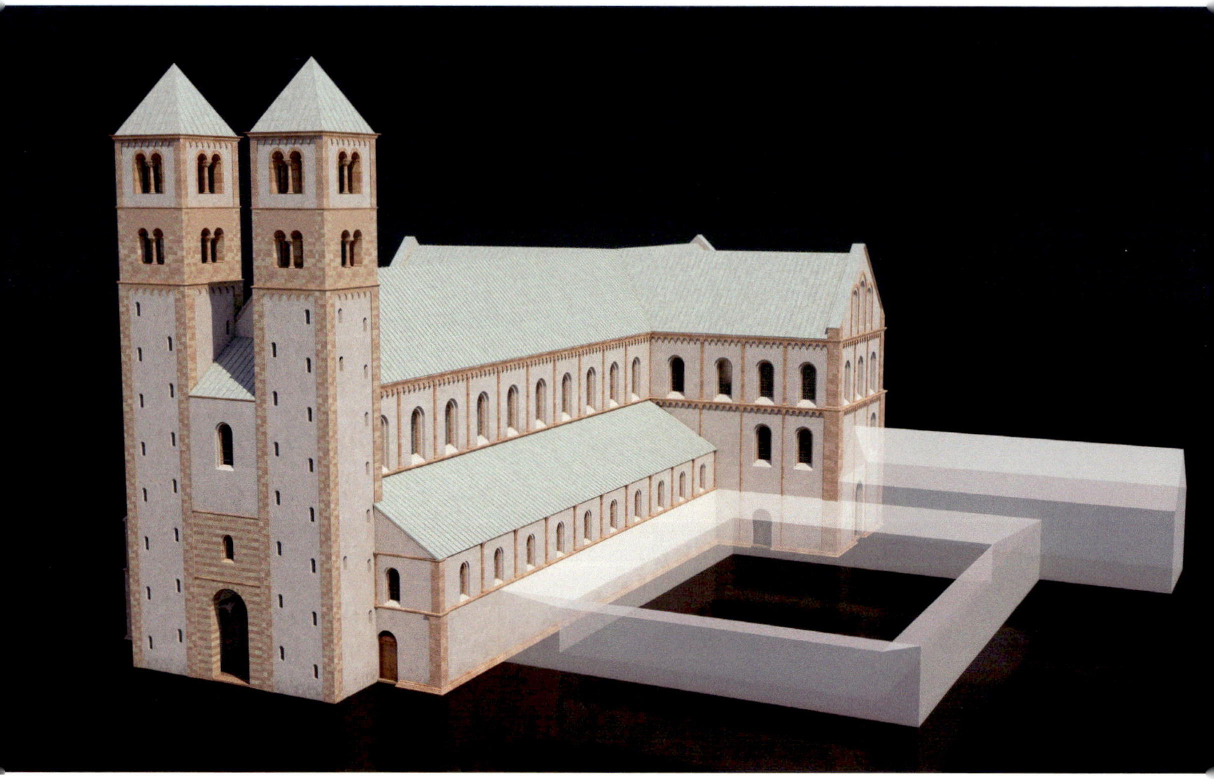

△ Außenansicht im 11. Jahrhundert von Nordwesten, Rekonstruktion (oben)

△ Außenansicht im 12. Jahrhundert von Südwesten, Rekonstruktion (unten)

GESCHICHTE

DER DOM DES 11. UND 12. JAHRHUNDERTS

Schriftliche Quellen ebenso wie die Gestalt des erhaltenen Baus sprechen dafür, dass Bischof Bruno (1034–1045) mit der Errichtung des im Wesentlichen heute noch bestehenden Domes begonnen hat. Schon die mittelalterliche Überlieferung nennt ihn »fundator« – Gründer – des romanischen Domes. Zunächst wurde der alte Dom erweitert: nach Osten in Form eines langgestreckten Altarhauses mit darunterliegender Krypta sowie im Westen durch eine gegenüber der bisherigen Turmgruppe größere Doppelturmanlage. Letztere ist, mit Ausnahme der später aufgesetzten zweiten Glockengeschosse und einer Erhöhung des Mittelteils, im Kern bis in die Gegenwart erhalten. Der plötzliche Tod des Bischofs 1045 bei einem Teileinsturz in der niederösterreichischen Burg Persenbeug war vermutlich Anlass für eine kurze Unterbrechung des begonnenen Werkes, das dann während der langen Regierungszeit seines Nachfolgers Adalbero (1045–1085/90) nach geänderten Plänen ausgeführt wurde. Es entstand nun ein völliger Neubau mit langgestrecktem Chor, weit ausladendem Querhaus mit Nebenapsiden und gegenüber dem Vorgänger etwas verbreitertem Basilikalanghaus. Zwischen Quer- und Altarhaus wurden zweistöckige Winkelbauten platziert, deren Erdgeschosse zur Krypta vermitteln, während die Obergeschosse Sakristeiräume bargen. Die Krypta dehnte sich nun bis in den Bereich unter der Vierung als Kreuzungspunkt zwischen Lang- und Querhaus aus. Die relative Einheitlichkeit dieses im Wesentlichen aus Kleinquadermauerwerk errichteten Baus, seine nicht sehr komplexe Bautechnik – so besitzt er außer einer großen Tonne im Chor keine Wölbung und demzufolge kein aufwendiges Wandvorlagensystem – sowie der Mangel an jeglicher figürlicher Bauplastik lassen mit einer zügigen Bauzeit von etwa zwanzig bis dreißig Jahren rechnen und also einer Vollendung noch im späten 11. Jahrhundert, analog der hinsichtlich Dimensionen und Gestalt sehr ähnlichen Stiftskirche in Bad Hersfeld. Eine auf Basis unsicherer Quellenlage und fehlerhafter Stilvergleiche immer wieder vorgeschlagene Datierung des Domes erst ins mittlere 12. Jahrhundert ist aufgrund stilistischer Analysen vor dem

△ Außenansicht im 11. Jahrhundert von Osten, Rekonstruktion

GESCHICHTE

Hintergrund prinzipiell ähnlicher Bauten des 11. Jahrhunderts wie der Dome in Augsburg, Speyer und Trier oder der Stifts- und Klosterkirchen in Hersfeld und Limburg an der Haardt auszuschließen. Mit knapp 107 m Länge war die kreuzförmige Kirche damals eines der bedeutendsten und größten Bauwerke der Christenheit.

Der Außenbau besitzt eine reiche architektonische Gliederung aus Gesimsen, Ecklisenen sowie Halbsäulen und Pilastern. Die Dächer über Mittelschiff, Querschiff und Altarhaus waren ursprünglich deutlich niedriger, und die Westtürme besaßen nur jeweils ein Glockengeschoss. Rundherum stand der Dom anfangs weitgehend frei, und große Rundbogenportale führten nicht nur in der Mitte des Westbaus, sondern auch zu dessen Seiten, an den Flanken der Seitenschiffe sowie durch die Querarme ins Innere der Kirche. Bereits im Verlauf des 12. Jahrhunderts wurden die Dächer erhöht, und die Türme erhielten zusätzliche Glockengeschosse. Dies könnte in der Zeit von Bischof Embricho (1127–1146) geschehen sein, denn 1133 gab er Enzelin, dem ersten bekannten Dombaumeister, den Auftrag, Schäden am Dom zu beseitigen und diesen auszuschmücken. An der Südseite entstanden im 12. Jahrhundert ferner die Vorgänger der heutigen Anbauten, Kreuzgang und Kapitelhaus. Der ehemals niedrige Mittelteil des Westbaus wurde mit einer Kapelle zu Ehren des Kaisers Heinrich aufgestockt, deren Weihe für das Jahr 1187 überliefert ist.

Innen beeindruckte die weite, flachgedeckte Basilika in romanischer Zeit durch ihre schlichte, aber vornehme Gestaltung. Die Arkadenzone des Langhauses war mit steinsichtigen Großquadern verblendet, erst über dem Gesims in der sogenannten Sargwand setzte das verputzte Kleinquadermauerwerk an. Auf den großen leeren Flächen dieser Zone und des mit den Rundbogenfenstern versehenen Obergadens könnten, wie beispielsweise in Reichenau-Oberzell, flächendeckende Wandmalereien vorgesehen gewesen sein; ob sie auch zur Ausführung gelangten, lässt sich allerdings nicht ermitteln. Gegenüber Langhaus und Querarmen als Raum für das gläubige Volk waren Vierung und Altarraum ursprünglich stark erhöht. Dieser Bereich war der Geistlichkeit vorbehalten; die Vierung diente den

▽ **Mittelschiff im 11. Jahrhundert nach Osten, Rekonstruktion**

Klerikern des Domstifts für das Chorgebet. Am östlichen Ende des Mittelschiffs führten wohl zwei breite Treppen dorthin hinauf. Ebenso ist ein Lettner denkbar, etwa in der Art des Ostlettners im Naumburger Dom. Spätestens seit dem 12. Jahrhundert hatte an dieser Stelle der Pfarraltar seinen Platz. Dahinter gewährte eine Öffnung den Blick in die Vierungskrypta, die sich zu den Querarmen in drei Arkaden öffnete. Dort dürfte allerdings nach einiger Zeit, wohl ebenfalls noch im 12. Jahrhundert, eine Treppe errichtet worden sein, die zur Vierung hinaufführte; unter dem Treppenabsatz ergab sich der Raum für eine kleine Kapelle.

Der Altarraum als liturgisch wichtigster Ort des Domes war mittels einer feinen Gliederung durch schlanke Halbsäulen und Rundbogenfriese ähnlich der am Außenbau architektonisch besonders ausgezeichnet. In der Apsis könnte es ein zusätzliches Gesims gegeben haben, und die Chorbogenpfeiler

△ Mittelschiff im 11. Jahrhundert nach Nordosten, Rekonstruktion

△ Querschiff im 11. Jahrhundert nach Norden, Rekonstruktion

GESCHICHTE

zierten wohl ebenfalls Halbsäulen. Im Ostscheitel saß eine flache Nische, die mit Sandsteinquadern ausgekleidet war. Der Chor bot so ein festliches Gewand und damit den angemessenen Rahmen für die Reliquien des heiligen Kilian und seiner Gefährten, die spätestens im ausgehenden 12. Jahrhundert von der Krypta dorthin überführt worden waren. Auf Umgestaltungen im Altarraum, die mit dieser Transferierung im Zusammenhang stehen könnten, deutet eine Weihe vom 24. Oktober 1187 hin, die noch heute im Würzburger Kalender als Fest der Domweihe begangen wird.

Von den Querarmen aus gelangte man ursprünglich in die große Krypta hinunter, die damit Teil und Ziel eines Prozessionsweges durch den ganzen Dom war. Ihr östlicher Teil unter dem Altarhaus war eine dreischiffige Halle mit schlanken Säulen. Sie mündete in einen säulengeschmückten Chor, in dem vor ihrer Translation in den oberen Bereich die Reliquien der Frankenapostel verehrt wurden. Außerdem hatte in der Chorkrypta der 1045 verstorbene Bischof Bruno sein Grab. Drei Stufen tiefer lag die etwas später errichtete Vierungskrypta. Ihre Gewölbe über drei mal drei Jochen ruhten auf stämmigen Säulen, denen Halbsäulen vor den gedrungenen Sandsteinpfeilern an den Außenseiten antworteten. In der Kapelle unter der später errichteten Treppe zur Vierung deuten Reste einer romanischen Malerei auf eine ehemals reiche künstlerische Ausgestaltung des Domes hin.

△ Außenansicht von Osten

◁ Chorkrypta im 11. Jahrhundert nach Osten, Rekonstruktion (oben)

◁ Vierungskrypta im 11. Jahrhunder nach Südwesten, Rekonstruktion (unten)

VOM SPÄTEN MITTELALTER BIS ZUM 20. JAHRHUNDERT

Seit ihrer Errichtung wurde die Kathedrale immer wieder zum Teil gravierend um- und neugestaltet. Verantwortlich für diese Maßnahmen war spätestens seit dem ausgehenden Mittelalter nicht der Fürstbischof, sondern das in der Regel aus 24 Mitgliedern bestehende Domkapitel als Bauherr. So erhielten im frühen 13. Jahrhundert die Winkelbauten zwischen Querschiff und Chor sechs weitere Geschosse, die allmählich vom Vier- ins Achteck übergehen und dem Dom das bis heute seine Silhouette prägende Turmquartett wie in Bamberg oder Naumburg sichern. Im 15. Jahrhundert ersetzte man die romanischen Anbauten auf der Südseite schrittweise durch den spätgotischen Kreuzgang und das Kapitelhaus mit der Begräbnishalle für die Domherren im Erdgeschoss, der sogenannten Sepultur. 1418 erhielten die Westtürme neue Spitzhelme und eine Maßwerkgalerie. 1498 bis 1505 wurden die Seitenschiffe eingewölbt und zu diesem Zweck das nördliche mit Strebepfeilern versehen; auf der Südseite war dies wegen des Kreuzgangs nicht notwendig. Außerdem erhielten

die Seitenschiffe neue Spitzbogenfenster mit Maßwerk.

Wiederum rund hundert Jahre später, 1607/08, erfolgte durch den italienischen Baumeister Lazaro Augustin die Einwölbung von Mittelschiff und Querschiff mittels großer Stichkappentonnen mit aufgeputzten gotisierenden Rippen. Da sich in den Querarmen die Fenster an West- und Ostseite nicht in einer Achse befanden – an der Westseite waren es vier, gegenüber nur drei Fenster –, erforderte die Wölbung eine Verlegung der Öffnungen an der Ostseite; eine partielle Zerstörung der bisherigen Außengliederung musste dafür in Kauf genommen werden. Auch die Fenster in den Stirnfassaden und im Altarhaus wurden zum Teil deutlich vergrößert. Im Winkel zwischen Nordseitenschiff und Nordquerarm entstand 1614/15 eine Pfarrsakristei, das Obergeschoss stammt aus den frühen 1730er Jahren.

Im Lauf der Jahrhunderte hatte sich der Dom mit einer reichen, unter anderem aus Altären, Grabdenkmälern und -platten, zwei

△ Hans Ulrich Bühler, Innenansicht nach Osten, 1627

△ Innenansicht nach Osten vor 1945

Kanzeln sowie einer prachtvollen Schranke zwischen Mittelschiff und Vierungsbereich bestehenden Ausstattung gefüllt. Eine heute im Martin-von-Wagner-Museum der Universität Würzburg aufbewahrte querformatige Holztafel des Malers Hans Ulrich Bühler aus dem Jahr 1627 vermittelt einen Eindruck vom vielgestaltigen Innenraum der Spätrenaissancezeit. Sie gewährt auch einen Blick auf

Teile des seinerzeitigen Hochaltars von Tilman Riemenschneider, der jedoch gut siebzig Jahre später fast restlos beseitigt wurde. Nur relativ kurzen Bestand hatten zwei Einbauten zu Seiten der Vierung von 1655/56, sogenannte Tribünen, die die Trennung des Bereichs der Geistlichkeit von dem der Laien zusätzlich betonten.

Eine weitere aufwendige Umgestaltungsmaßnahme brachte das frühe 18. Jahrhundert. Zunächst wurde 1700/01 das Bodenniveau der Vierung unter Preisgabe der darunter liegenden Krypta um rund eineinhalb Meter abgesenkt und mit den angrenzenden Querarmen auf eine Ebene gebracht. Kurz darauf nahm das Domkapitel ein Angebot des aus dem Tessin eingewanderten Stuckateurs Giovanni Pietro Magno und seines Trupps von Mitarbeitern an, das gesamte Innere mit Stuck auszukleiden. Finanziert wurde das 1701 bis 1706 umgesetzte Projekt aus Mitteln eines Vermächtnisses zugunsten des Domes von Fürstbischof Johann Gottfried II. von Guttenberg (1684–1698). Eine geplante Freskierung unterblieb allerdings aus Kostengründen. 1721 bis 1736 wurde an der Nordseite des Querschiffs die Schönbornkapelle als private Grablege der mächtigen Familie von Schönborn angebaut. Mehrfach aufgegriffene Planungen des späten 17. und frühen 18. Jahrhunderts für eine prachtvolle barocke Westfront blieben unausgeführt.

1749/50 wurde das Bodenniveau des Altarraumes um annähernd 2,50 m abgesenkt, was auch hier die Zerstörung der darunter befindlichen mittelalterlichen Krypta und ihre schlichte Neueinwölbung in deutlich geringerer Höhe zur Folge hatte. Gleichzeitig wurden auf der Nordseite des Chores nach Plänen Balthasar Neumanns die Sakristei und dieser gegenüber auf der Südseite die Ornatkammer neu errichtet. Der nunmehr festliche barocke Raum, bei dessen Gestaltung das Domkapitel vielleicht das Muster des Passauer Domes vor Augen hatte, wurde im Lauf des 18. Jahrhunderts außerdem mit zahlreichen neuen Altarretabeln ausgestattet und präsentierte sich infolgedessen schließlich als eines der eindrucksvollsten Gesamtensembles einer aus dem Mittelalter stammenden, in der Frühen Neuzeit umgestalteten Kirche im gesamten deutschsprachigen Raum. 1756/58 errichtete der Zimmermeister Johann Leonhard Greising einen neuen Dachstuhl; in diesem Zusammenhang wurde das Mauerwerk der Hauptapsis bis zur Höhe des Chorhauptes aufgestockt.

Zu Beginn des 19. Jahrhunderts ging der Dom im Zuge der Säkularisation in bayerischen Staatsbesitz über. Zum Teil umfangreiche Pläne für eine Um- und Neugestaltung im Geiste des Historismus mündeten schließlich 1879/86 lediglich in einen Umbau der Westfassade. Dem bis dahin schlichten Mittelteil wurden ein aufwendiges neuromanisches Stufenportal mit seitlicher Quaderverblendung sowie in den oberen Wandzonen eine Rosette, eine Dreifenstergruppe und ein rundes Uhrenzifferblatt vorgeblendet. Erneuert wurde ferner der Sockel an allen Freiflächen des Domes, da nicht zuletzt der ursprüngliche Sockel infolge mehrfacher Geländeaufschüttungen inzwischen im Erdreich verschwunden war. Zwei neue Portale erhielten das Nordseitenschiff in neugotischem und die Ostseite des Nordquerarms in neuromanischem Stil.

VON DER ZERSTÖRUNG 1945/46 BIS ZUR GEGENWART

Den schwersten Eingriff in der Geschichte des Domes bedeuteten seine Zerstörung 1945/46 und der anschließende Wiederaufbau. Beim Angriff auf Würzburg am 16. März 1945 brannte fast das gesamte Innere aus, ein Großteil der prächtigen Ausstattung ging in den Flammen zugrunde. Sämtliche Dächer und Turmhelme brannten ab. Durch die Explosion einer Luftmine wurden die Ornatkammer auf der Südseite des Altarhauses und zur Hälfte die südliche Nebenapsis weggerissen. Ansonsten war die Bausubstanz weitgehend erhalten. Infolge

GESCHICHTE

△ Außenansicht von Nordwesten nach 1946

der Erschütterung des Mauerwerks und des monatelangen Eindringens von Wasser stürzte jedoch im Februar 1946 die nördliche Hochschiffsmauer des Langhauses fast auf ihrer ganzen Länge, vom zweiten bis zum achten Freipfeiler, ein und riss die Gewölbe des Mittelschiffs und des nördlichen Seitenschiffs mit sich. Der erst 1967 abgeschlossene Wiederaufbau war langwierig und kompliziert und wurde unter Bauherren (Freistaat Bayern und Diözese), Architekten, Fachleuten wie Denkmalpflegern und Kunsthistorikern sowie in Presse und Öffentlichkeit kontrovers diskutiert. Es stellten sich im Wesentlichen zwei Aufgaben. Zum einen galt es, den Dom in seiner baulichen Substanz wiederherzustellen oder, wo es notwendig war, ganz neu zu errichten. Die wichtigsten Maßnahmen waren in diesem Zusammenhang der komplette Neubau der nördlichen (1951/52) und wegen angeblicher Instabilität auch der südlichen Hochschiffsmauer des Langhauses (1956/57) in Stahlbeton, die Stabilisierung des Westbaus, des Quer- und des Altarhauses sowie der Osttürme mithilfe von Stahlbetoneinbauten und -ringankern; ferner die Rekonstruktion von südlicher Nebenapsis (1957) und Sakristei (1962/63), die Aufrichtung neuer Dachstühle und Turmhelme sowie die Auswechslung beschädigter und absturzgefährdeter Werkstücke. Zum anderen stellte sich die Herausforderung einer Neugestaltung des Inneren angesichts der Teilzerstörung des barocken Stucks und der Ausstattung sowie vor dem Hintergrund des gewandelten Verständnisses von Zweck und

▷ Außenansicht von Westen

Aufgaben einer katholischen Bischofskirche infolge des Zweiten Vatikanischen Konzils. Aus den anfangs diametral entgegengesetzten Positionen – Rekonstruktion des barocken Rauminneren versus Purifizierung in romanisierend-modernen Formen – kristallisierte sich nach langem Ringen die Kompromisslösung heraus, die bis heute das Gesicht des Domes prägt: in den Ostteilen die Belassung und, wo nötig, Wiederherstellung der barocken Gestalt, jedoch unter Verzicht auf eine Rekonstruktion der Altarausstattung in Vierung und Chor; im Langhaus dagegen eine Annäherung an den mutmaßlichen mittelalterlichen Ursprungszustand als schlichte, flachgedeckte Pfeilerbasilika und damit – mit Ausnahme der Seitenschiffsgewölbe – ein Verzicht auf die späteren Hinzufügungen. Das Hauptwerk der bis 1945 vorwiegend im Querschiff aufgestellten Orgel erhielt seinen Platz am Westende des Mittelschiffs. Die Doppelturmfassade wurde ihrer neuromanischen Zutaten des späten 19. Jahrhunderts weitgehend entkleidet, die Portalzone 1957 demontiert und 1961 der Mittelteil darüber mittels einer schlichten, leicht zurückgestuften Mauerscheibe aus Ziegeln verblendet. 1967 waren die Wiederaufbauarbeiten weitgehend abgeschlossen, am 6. Mai fand die Weihe des neuen Hochaltars statt. Erst seither führt der bis dahin dem heiligen Andreas geweihte Dom das Kilianspatrozinium. 1971 bis 1975 war das Gotteshaus Tagungsort der Gemeinsamen Synode der Bistümer in der Bundesrepublik Deutschland, die die Verwirklichung der Beschlüsse des Zweiten Vatikanischen Konzils zum Gegenstand hatte.

In der während des Wiederaufbaus entwickelten Gestalt präsentiert sich der Dom mit einigen Veränderungen noch heute. 1987/88 fand eine Renovierung des Innenraumes statt, die neben der Einfügung einer Innengliederung des Mittelschiffs durch zwei Gesimse vor allem eine neue bzw. ergänzende Ausstattung des Altarhauses mit sich brachte. Sowohl diese moderate architektonische Umgestaltung als auch die betont figurale Ausstattung sind sichtlich vom Geist der Postmoderne getragen und setzten zwanzig Jahre nach Abschluss des dezidiert nachkonziliar-avantgardistischen Wiederaufbaus einen durchaus anderen gestalterischen und damit geistig-geistlichen Akzent, der wieder mehr den direkten Bezug zur konkreten Stätte des Glaubens in Würzburg suchte und bildlich – in Gestalt des Figurenzyklus' im Altarraum – wie im übertragenen Sinn das Volk der Gläubigen um Christus schart.

Bei der 2005/06 durchgeführten Außenrenovierung entschieden sich die Verantwortlichen für eine Neugestaltung der Westfassade unter partieller Freilegung der aus dem späten 19. Jahrhundert stammenden Ergänzungen; die dünne Mauerscheibe der Wiederaufbauzeit wurde abgebrochen und gab die neuromanischen Zutaten des 19. Jahrhunderts frei. Die jüngste Renovierung 2011/12 führte neuerlich zu kleineren Veränderungen und Ergänzungen der Ausstattung. Dabei wurden einige Maßnahmen der Renovierung von 1987/88 rückgängig gemacht; so wurde im Mittelschiff, das seither wieder die betont puristische Erscheinung der ersten Wiederaufbauzeit aufweist, die Gesimsgliederung entfernt. Der Integration einer Reihe zeitgenössischer, auch nicht unmittelbar als »sakrale« Kunstwerke identifizierbarer Ausstattungsstücke ist das Bestreben der Verantwortlichen anzumerken, den Dom als der Gegenwart zugewandtes Zentrum des Bistums Würzburg und Versammlungsort der Gläubigen zu definieren und zu präsentieren.

AUSSENBAU

GESTALT

Das Äußere des Domes besitzt im Wesentlichen noch diejenige Gestalt, die ihm das Hochmittelalter verliehen hat, wenngleich die Substanz infolge des Zweiten Weltkriegs zu nicht unbeträchtlichen Teilen aus dem dritten Viertel des 20. Jahrhunderts stammt. Der in seinen Umrissen aus dem 11. und 12. Jahrhundert erhaltene Westbau zeigt seit seiner letzten Renovierung 2005/06 sowohl die Spuren der neuromanischen Umgestaltung des späten 19. Jahrhunderts – Rosette und Dreierarkade – als auch Teile der eher puristischen Neukonzeption des Wiederaufbaus nach dem Zweiten Weltkrieg mit ihrer großen rundbogigen Portalöffnung und den schlichten Spitzhelmen. Die Nordseite des Domes erscheint weitgehend in ihrer romanischen Gestalt; hinter einigen der spätgotischen Strebepfeiler am Seitenschiff lugen noch die Halbsäulen und Pilaster der ursprünglichen Gliederung des 11. Jahrhunderts hervor. Auch die Ostteile haben ihr von den Baumaßnahmen des 11. bis frühen 13. Jahrhunderts einschließlich der eleganten Ostturmaufbauten herrührendes Aussehen großteils bewahrt. Behutsam fügen sich die beiden barocken Anbauten Balthasar Neumanns zu Seiten des Chores in dieses architektonische Ensemble ein. Im Scheitel der Hauptapsis sitzt in einem annähernd quadratischen Feld das kreuzförmig angeordnete Bruno-Monogramm, das aufgelöst »BRVNO EP[ISCOPV]S« (»Bischof Bruno«) ergibt und wohl spätestens seit dem frühen 13. Jahrhundert an den maßgeblichen Bauherrn des heutigen Domes erinnert. Die Südseite des Domes ist weitgehend hinter den Anbauten des ehemaligen Domstifts verborgen.

△ Bruno-Monogramm am Scheitel der Hauptapsis

AUSSENPORTALE

Fünf Außenportale führen heute in das Innere des Domes. Der Mittelteil des Westbaus birgt den Haupteingang, der schon im Mittelalter Ziel- und Endpunkt der auf ihn von der Alten Mainbrücke aus zuführenden breiten Domstraße war. Das rund 5 m hohe Bronzeportal wurde 1964/67 von dem 1924 in Würzburg geborenen Bildhauer Fritz Koenig geschaffen. Es verbildlicht in stark abstrahierter Formensprache das Sechstagewerk Gottes, den Sündenfall und die Vertreibung aus dem Paradies. Im quergelagerten Sturzfeld scheidet eine große Hand die drei Elementarschichten Erde, Wasser und Luft voneinander. Auf dem linken Türflügel kristallisieren sich die Gestirne, Pflanzen, Tiere zu Land und zu Wasser sowie der Mensch aus dem Chaos der Formen heraus. Der rechte Flügel zeigt die Erschaffung Evas aus der Rippe Adams und darunter den Baum der Erkenntnis, von dessen prallen Früchten zu kosten die beiden – angestiftet von der um den Stamm gewundenen Schlange – sich nicht enthalten können. Die Konsequenz aus dem Fehlverhalten folgt prompt: Ein geflügelter Engel mit wellenartigem Schwert treibt die sichtlich geknickten Gestalten zum Paradies hinaus. Koenig, der eine internationale Karriere machte und mit der Großen Kugelkaryatide N.Y. am World Trade Center 1968/71 sein wohl berühmtestes Werk schuf, gelang hier eine beeindruckende Umsetzung des uralten Bildthemas mit den Mitteln moderner Kunst in der Tradition hochmittelalterlicher Bronzetore wie etwa in Aachen, Hildesheim oder Mainz.

Am Nordseitenschiff führen zwei Portale ins Dominnere. Im dritten Wandfeld von Westen befindet sich seit 2003 der barrierefreie Zugang mit einem Tor von Heinrich Gerhard Bücker nach Ideen von Bischof Paul-Werner Scheele (1979–2003), der auch die Kosten für die künstlerischen Arbeiten übernahm. In betont einfacher, gegenständlicher Formensprache sind im halbrunden Tympanonfeld das Letzte Abendmahl sowie auf den Türflü-

geln heilige Missionare des 8. Jahrhunderts dargestellt: Bonifatius, Burkard und Papst Zacharias sowie im unteren Bereich die Benediktinerinnen Thekla und Lioba jeweils mit einem Behinderten oder Bedürftigen.

Zwei Wandfelder weiter östlich wurde nach dem Zweiten Weltkrieg anstelle eines neugotischen Vorgängers ein Rundbogenportal eingefügt, dessen Bronzetür 1966/67 Otto Sonnleitner gestaltete. Es widmet sich dem Leben und Wirken des heiligen Kilian. Im Tympanon ist der Aufbruch des angelsächsischen Missionars und seiner Gefährten von der heimischen Insel hin zum Kontinent dargestellt. Auf dem linken Flügel stehen die Heiligen unter dem Zeichen des überwundenen Heidentums in Form eines gebrochenen Speers. Der rechte Flügel zeigt unten den vom Schwert durchstoßenen Leib Kilians, darüber eine Wallfahrergruppe auf dem Weg zu den Schädelreliquien der Frankenapostel.

△ Westportal von Fritz Koenig

Der äußere Türgriff ist einer Weinrebe als Christussymbol nachempfunden, am inneren rufen Engel die Toten zum Jüngsten Gericht aus ihren Gräbern.

Die schlichte hochrechteckige Pforte an der Ostseite des Nordquerarms wurde 1966/67 von dem Würzburger Helmut Weber mit ornamentalen Bronzeflügeln und einem in Sandstein gehauenen Relief der Anbetung der Könige im mächtigen Türsturz gestaltet. Sein dreipassförmig abschließendes Pendant am südlichen Querarm erhielt zur gleichen Zeit ein Bronzeportal von Karl Potzler aus München zu Ehren des heiligen Bruno. Der hoch aufragenden Gestalt des Bischofs mit einem Plan des von ihm initiierten Dombaus ist die einer mittelalterlichen Quelle entnommene Beschriftung »huius eccl[esi]ae cathedralis fundator«, »Gründer dieser Kathedralkirche«, beigegeben. Eine Schar sitzender Gestalten zu seinen Füßen lauscht den Worten des lehrenden Oberhirten.

STEINURKUNDE UND GRABPLATTEN

Am Nordseitenschiff im vierten Wandfeld von Westen hängt heute eine trapezförmige Rotsandsteintafel, wohl ehemals Teil eines Tympanons, quasi als eine in Stein gemeißelte Urkunde. Sie besagt, dass Bischof Otto von Lobdeburg im Jahr 1212 mit Zustimmung des Domkapitels die von den Angehörigen der Dompfarrei zu entrichtenden Messpfennige abschaffte und dafür im Gegenzug der Dompfarrer und seine Nachfolger mit einer einmaligen Übertragung von Weinbergsbesitz im Wert von 88 Mark Silber abgefunden wurden. Das ungewöhnliche Dokument mittelalterlicher Rechtsgeschichte bezeugt, dass der Dom auch ein Ort der Rechtsprechung war, wie seit dem 12. Jahrhundert auch immer wieder eine »Rote Tür« vermutlich an der Stirnwand des Nordquerarms als Ort von Rechtshandlungen in den Schriftquellen auftaucht.

Vom ehemaligen Leichhof der Dompfarrei zwischen Dom und Neumünster stammt im sechsten Wandfeld die Grabplatte für die 1463 verstorbene Bürgerin Felizitas Schraudenbach mit einer Ganzfigur der Verstorbenen als Konturenbild mit modischer Haube und Rosenkranz. Im zweiten Wandfeld hängt ein Abguss der ebenfalls im frühen 19. Jahrhundert hier zum Vorschein gekommenen Grabplatte für den berühmten Künstler Tilman Riemenschneider; das Original befindet sich im Museum für Franken. Die Umschrift weist auf den Tod des »bildhauer burger zu wurczburg« am 7. Juli 1531 hin und war 1822 einer der Anlässe für die Wiederentdeckung und Erforschung des bis dahin fast dreihundert Jahre lang vergessenen Meisters.

△ Nordportal von Otto Sonnleitner

INNENRAUM

DIE SPUREN DER UMFORMUNGEN DES SPÄTEN 15. BIS 18. JAHRHUNDERTS

In seiner sichtlich heterogenen Gestalt steht das Innere des Domes gleichnishaft für die bewegte Geschichte, die er zusammen mit der Stadt Würzburg während der vergangenen rund tausend Jahre erlebt und zum Teil auch erlitten hat. Die Grundgestalt entspricht im Wesentlichen noch immer dem romanischen Bau des 11. Jahrhunderts. Die Seitenschiffe zeigen die Spuren des spätgotischen Umbaus mit Spitzbogenfenstern und Stichkappentonnen, deren schöne Schlusssteine aus der Riemenschneider-Werkstatt neben den Stifterwappen gelegentlich Jahreszahlen enthalten. Das nördliche Seitenschiff wurde nach dem Einsturz 1946 im Jahr 1966 unter Verwendung der aus den Trümmern geborgenen Schlusssteine vereinfacht erneuert. Von der Wölbung des frühen 17. Jahrhunderts stammen das Kreuzgratgewölbe in der Vierung und die Stichkappentonnen in den Querarmen.

In Altarraum und Querhaus haben sich an den Wänden und Gewölben die prachtvollen Stuckaturen von 1701/06 erhalten. Das Wappen des Fürstbischofs Johann Gottfried von Guttenberg, durch dessen Vermächtnis die Neugestaltung erst möglich wurde, befindet sich nebst einer in römischen Zahlzeichen gegebenen Datierung 1703 am Bogen zwischen Mittelschiff und Vierung. Giovanni Pietro Magno legte den Wandflächen des ge-

▷ Mittelschiff nach Osten

samten Innenraumes eine einheitliche Gliederungsstruktur auf, deren Rhythmisierung durch die Fenster vorgegeben war. Die Ausführung der Stuckaturen erfolgte von Westen nach Osten, so dass das im Langhaus – vor allem im Mittelschiff – entwickelte System für Quer- und Altarhaus verbindlich blieb. Die Wandflächen waren bzw. sind in zwei Hauptzonen unterteilt. Die untere Zone umfasste ehemals die Pfeiler des Mittelschiffs bis zur Kämpferlinie und wurde hinsichtlich ihrer Höhe auch in die Ostteile übertragen. Sie

△ Schlussstein im Südseitenschiff

schließt mit einem schmalen Gesims ab. Die Vertikalgliederung übernehmen breite, profilierte Hochrechteckfelder, die im Mittelschiff auf den Pfeilern lagen und in den Ostteilen fortgeführt wurden. Die annähernd gleich hohe obere Wandzone reicht bis zum Gewölbeansatz und ist mit zweifach geschichteten Pilastern kompositer Ordnung mit glatten Schäften auf prachtvollen Volutenkonsolen horizontal gegliedert. In den Querarmen suggerieren halbrunde Bögen – in Fortsetzung der Arkaden zwischen Mittel- und Seitenschiffen im Langhaus – Blendarkaden mit abschließenden Gesimsstücken, über denen jeweils ein Engels- oder Puttenpaar Rahmen in Recht- oder Vierpassform mit ornamentalen Aufsätzen präsentiert. Ein hohes, verkröpftes Gebälk mit akanthusgeschmücktem Gesims schließt diese Wandzone ab. Auf den Versuch, die Nebenapsiden in das Gliederungssystem der Querarme einzubeziehen, verzichtete Magno. Da die Fenster in der oberen Zone eine Vierteilung vorgaben, die Apsiden jedoch – überdies leicht nach innen versetzt – mittig in den Ostfassaden sitzen, hätte ein solcher Versuch zu einer Asymmetrie zwischen West- und Ostseite geführt. Auch reichen die Apsiden wesentlich höher hinauf als das umlaufende Gesims zwischen unterer und oberer Wandzone. Pietro nahm in Kauf, dass die Pilaster der oberen Wandzone aus der Mittelachse verschoben auf den Apsisbögen aufsitzen. Ein ähnliches Problem stellte sich an den Arkaden zwischen Querarmen und Seitenschiffen. Sogar die aufwendig gestalteten Rahmen der Portale zu den Kryptaabgängen sitzen aus der Mittelachse nach innen verschoben in ihren Feldern.

In den Innenkanten der östlichen Vierungspfeiler haben die überlebensgroßen Stuckfiguren der Trauernden Maria und Johannes ihren Platz gefunden. Sie wurden von Magno auf ein großes Kruzifix bezogen, das vom Chorbogen herabhing – der 1945 verbrannte Vorgänger des heutigen Triumphkreuzes –, und leiten damit zur Gewölbezone über. Das Vierungsgewölbe ist mit diagonal zur Mitte hin verlaufenden Streifen versehen, die in ihrem unteren Bereich jeweils eine Standfigur der vier Evangelisten mit ihren Attributen auf aufwendigen Konsolen und darüber Kartuschen einfassen. Sie treffen auf einen großen kreisförmigen Rahmen, der von vier Putten in Achse der Evangelisten gehalten wird und eine große, vergoldete Gloriole mit Wolkenhimmel umspannt. Die übrigen Gewölbeflächen der Vierung sind mit prächtigen Blattranken ausgefüllt, die von mittig als Träger des Kreises angeordneten Engelhermen ausgehen. Die Tonnengewölbe in den Querarmen weisen in der Hauptfläche jeweils ein großes Bildfeld aus, das optisch von Hermen auf den Gewölbesegmenten zwischen den Stichkappen getragen wird.

Im Altarraum ist die Wandgliederung im Prinzip ähnlich gestaltet, allerdings fehlen hier wegen der großen Rundbogenfenster die Blendbögen; die westlichste Achse trägt ein den Öffnungen entsprechendes Blendfenster. Auch gibt es im Chor keine Stichkappen; die entsprechenden Gewölbesegmente sind hier mit flachen Reliefs der zwölf Apostel ausgefüllt, deren Reihe im Apsisscheitel in der erhöht auf einem Sockel stehenden Marienfigur kulminiert. Dazwischen befinden sich Engelhermen, über deren Köpfen Kapitelle wieder ein großes Bildfeld in der Mitte des Gewölbes stützen. Den Übergang zwischen Chorhaupt und Hauptapsis markiert ein großes Stuckrelief, das in vergoldeter Gloriole die Dreifaltigkeit – Gottvater, Christus und die Heiliggeisttaube – in einem Wolkenhimmel mit Putten und Cherubim zeigt.

Besonders prächtig entfaltete sich Magnos Kunst an den Stirnfassaden der Querarme. Ursprünglich waren hier Portale vorgesehen, erst im Verlauf der Arbeiten 1704 stellten Dompropst Heinrich Christian von Guttenberg und Domdekan Georg Heinrich von Stadion Gelder für zwei aufwendige Altäre zur Verfügung. Dementsprechend entstanden im Nordquerarm der Propst- und im Südquerarm der Dechantaltar. Beim Angriff 1945 verbrannten die Altarblätter, die Retabel blieben jedoch weitgehend unbeschädigt. Durch ihr kostbares Material aus teilvergoldeten hellgrauen Partien und schwarzem Stuckmarmor setzen sie sich als eigenständige Körper von der übrigen Dekoration ab. Ihr architektonischer Aufbau aus Sockelpartie, hoher Hauptzone mit Altarbild und flankierenden Pilastern und Säulen sowie einem bis ins Mittelfenster der Stirnwand reichenden Auszug mit Stifterwappen ist annähernd identisch. Das ehemals rundbogig abschließende Altarbild wird beidseits von je einem überlebensgroßen Engel präsentiert, vor den äußeren Pilastern stehen auf Konsolen Heiligenfiguren: am Propstaltar der Apostel Philippus und Bischof Otto von Bamberg, am Dechantaltar Joseph und Johannes Nepomuk. Die 1945 zerstörten Gemälde wurden nach dem Zweiten Weltkrieg ersetzt. Im nördlichen Altar hängt heute ein Bild mit der Predigt Johannes des Täufers von Jacopo Amigoni aus der Zeit um 1715, eine Leihgabe

der Bayerischen Staatsgemäldesammlungen. Der Dechantaltar im Südquerarm enthält eine um 1700 von Johann Andreas Wolff geschaffene Leinwand mit dem Letzten Abendmahl als Leihgabe der Kirchenstiftung Rannungen. Den giebelartigen Auszug flankieren am Propstaltar die samische und die hellespontische Sybille – antike Seherinnen, deren Prophezeiungen auf Christus bezogen wurden – sowie auf der Südseite die Propheten Jeremias und Jesaias, jeweils mit großen schwarzen Schrifttafeln. Die Strahlengloriolen zeigen im Norden die Heiliggeisttaube und im Süden das Kreuz Christi.

Das Mittelschiff besaß bis zu Zerstörung und Wiederaufbau 1945/67 eine prinzipiell ähnliche Struktur. Hier verzichtete man nach dem Zweiten Weltkrieg jedoch weitgehend auf die Rekonstruktion des zerstörten barocken Stucks; Teile von der südlichen Hoch-

△ Stuck von Pietro Magno im Querschiff, Detail

schiffwand wurden bei deren Niederlegung geborgen. Nur der Stuck an der Westwand wurde integriert, allerdings ist er von der neuen Orgel großteils verdeckt. Sichtbar ist noch das runde Zifferblatt der ehemaligen Uhr von 1574, flankiert von zwei geflügelten Gestalten: links Chronos als alter Mann mit Sense und geflügeltem Stundenglas, rechts Fama mit Trompete und Ouroboros (Symbol einer Schlange, die sich in den eigenen Schwanz beißt und so mit ihrem Körper einen geschlossenen Kreis bildet). Auch Teile der Pilaster und der Rahmungen der im oberen Bereich gelegenen Öffnungen und Blendfenster sind noch zu erkennen.

Am im Kern spätgotischen Gewölbe des Südseitenschiffs, das von der Katastrophe verschont blieb, ist die Dekoration des frühen 18. Jahrhunderts ebenfalls noch erhalten. Große Stichkappen setzen über Volutenkonsolen an, wobei besonders an den Pfeilern die zum Teil erheblichen Verschiebungen des Gewölbes gegenüber dem romanischen Kernbau sichtbar werden. In der Achse der Stützen finden sich von Hermen getragene achteckige Bildrahmen, dazwischen die spätgotischen Schlusssteine.

NEUINTERPRETATION UND LITURGISCHE AUSSTATTUNG NACH DEM ZWEITEN WELTKRIEG

Das Mittelschiff versucht in seiner schlichten Gestalt ohne Wölbung der frühromanischen Gestalt des 11. Jahrhunderts nahezukommen, allerdings in einer puristischen Interpretation der 1950er und 1960er Jahre, die bei der letzten Renovierung 2011/12 erneut aufgegriffen wurde. Denn man verzichtete auf die Sichtbarmachung der ehemaligen Großquader in der Arkadenzone ebenso wie auf die beiden Gesimse unter- und oberhalb der Sargwand.

Doch nicht nur das Bild, das man sich von der romanischen Vergangenheit gemacht hat, sondern auch die Neugestaltung der 1960er Jahre im Geist des Zweiten Vatikanischen Konzils sind prägend für das Gesicht des Domes, so vor allem im Altarbezirk. Aus schwerem dunklem Lahnmarmor gestaltete der Schweizer Künstler Albert Schilling 1964/67 Vierung und Chorraum. Der aus einem quaderförmigen Block heraus entwickelten Mensa als Zentrum der gottesdienstlichen Handlungen verlieh er eine monumentale Wucht und Präsenz. In einer quadratischen Öffnung birgt der Tisch einen Bergkristallschrein von Josef und Michael Amberg aus dem Jahr 1967 für die Schädeldecken der drei Frankenapostel. Südlich des Altartisches steht der Ambo, daneben das ebenfalls von Schilling geschaffene große Vortragekreuz aus Holz mit Überzug aus vergoldetem Bronzeblech. In der Nordostecke der Vierung erhebt sich flammenartig das Sakramentshaus mit dem ebenfalls von Josef Amberg angefertigten Tabernakel als Aufbewahrungsort des Allerheiligsten. Eine alte, in der Spätgotik mit ihren turmartigen Gehäusen zur Blüte getriebene Tradition wird hier mit modern-abstrakten Mitteln in die Gegenwart überführt. Die großen, einfachen Formen und die vor dem Hintergrund der weißen Stuckaturen sich absetzende Farbigkeit sichern diesen liturgischen Prinzipalstücken in dem weiten Raum die ihnen gebührende Aufmerksamkeit. Zu beiden Seiten des Chores ordnete Schilling das zweireihige, schlichte Gestühl des Domkapitels an, das auch die um fünf Stufen erhöhte Apsis umschließt. Im Scheitel steht die Kathedra als Lehrstuhl des Bischofs, Symbol für die apostolische Amtsvollmacht wie auch für seine Aufgabe, zu leiten und zu lehren. Schillings Meinung war auch ausschlaggebend dafür, den dunklen Lahnmarmor als Fußbodenbelag gleichförmig im gesamten Dom zu verwenden und damit das Verständnis des monumentalen Raumes als eine in

◁ Nordquerarm mit Propstaltar

▽ (S. 33) Hochaltarretabel

△ Vierung und Chor nach Osten   ▽ Kiliansschrein

△ Heiligenzyklus im Chor, Detail

sich geschlossene Einheit zu unterstreichen. Der weiß umrahmte Marmor im Bereich der neuen Kirchenbänke wurde erst bei der jüngsten Renovierung eingesetzt.

Die liturgische Gestaltung und Ausstattung des Domes blieb in den 1960er Jahren allerdings unvollendet, schon drei Jahre nach der Altarweihe befriedigte vor allem die Verhängung der Wände im Hochchor mit Teppichen nicht mehr. Der Bereich hinter der Kathedra als Zielpunkt des Blicks durch die Längsachse des Raumes galt als farblich zu schwach. Daher wurde Schilling mit einer stelenartigen Rückwand aus schwarzem Marmor hinter dem Bischofsstuhl beauftragt. Zur heute noch gültigen Form des Altarraumes kam es schließlich 1987/89 durch die Anbringung eines Figurenzyklus an den Seitenwänden und die Aufstellung eines großen Retabels. Der bis zum Kranzgesims der Apsis reichende Aufbau ist ein Werk des gebürtigen Würzburgers Hubert Elsässer von 1987/88. Die unkonventionelle Komposition passt sich mit ihren schlanken Proportionen dem Mauerstreifen im Apsisscheitel an und greift in ihrem weiß-goldenen Farbklang die barocke Ausstattung des 18. Jahrhunderts auf. Die untere Zone birgt die Statuen Kilians, Kolonats und Totnans. Darüber ist die apokalyptische Vision nach der Offenbarung des Johannes dargestellt. Das Lamm Gottes wird flankiert von den Symbolen der zwölf Tore des himmlischen Jerusalem. Hinter ihm entspringt der Strom des ewigen Lebens, dessen Wasser sich auf Kilian stellvertretend für die gläubige Christenheit ergießt und den Baum des Lebens nährt. Im Zentrum des Hauptfeldes darüber schreitet der wiederkehrende Christus aus einer goldenen Gloriole mit ausgebreiteten Armen auf die Erde hinab. Scharen von Engeln und die 24 Ältesten zu Seiten der Scheibe huldigen ihm.

Die 36 von verschiedenen Künstlern angefertigten Figuren an den Seitenwänden des Chores unterhalb der Rundbogenfenster verbildlichen Heilige und Selige, aber auch nicht kanonisierte Helfer und Glaubenszeugen aus der älteren und jüngeren Geschichte des Bistums Würzburg, die das missionarische Werk der drei irischen Wandermönche bis in die Gegenwart weitergetragen haben. Sie gruppieren sich in zwölf vom Apsisscheitel ausgehend chronologisch geordneten Dreiergruppen. Auf der nördlichen Seite beginnt der Zyklus mit den beiden von Elsässer stammenden Dreiergruppen Bonifatius, Zacharias und Burkard sowie Radegundis, Immina und Bilhildis. Gegenüber stehen, ebenfalls von Elsässer, Willibrord, Karlmann und Megingoz sowie Gertrud, Thekla und Lioba. Die beiden jeweils folgenden Dreiergruppen sind Arbeiten Heinrich Gerhard Bückers aus Westfalen: auf der Nordseite Gumbert, Kunigunde und ihr Gemahl Kaiser Heinrich sowie Egbert, Aquilinus und Makarius; auf der Südseite die Würzburger Bischöfe Arn, Bruno und Adalbero sowie Norbert von Xanten, Hedwig und Elisabeth von Thüringen. Die letzten zwölf Figuren wurden von vier verschiedenen Künstlern erstellt. Auf der Nordseite zeichnete Ernst Singer für Petrus Canisius, Albertus Magnus und Johann Adam Möhler verantwortlich, Lothar Forster für Antonia Werr, Marcel Callo und Maria Julitta Ritz. Gegenüber stehen Liborius Wagner, Johann Melchior Söllner und Friedrich Spee von Tilmar Hornung sowie Pius Keller, Georg Häfner und Adolf Schmitt, Arbeiten von Willi Grimm.

Noch Teil der Ausstattung der ersten Wiederaufbauzeit 1966/67 sind die beiden Seitenaltäre in den Apsiden der Querarme. Die nördliche birgt den aus Muschelkalk gehauenen Marienaltar von Hubert Elsässer in Form einer aus dem Samenkorn hoch auf-

sprossenden Ähre. Als Andachtsbild ist eine spätgotische Sandsteinmadonna aus der Zeit um 1420 integriert. Sie krönte ursprünglich das Scherenbergtor der Marienburg und war zum Schutz vor Beschädigungen schon seit 1884 in der Vorhalle des Domes aufgestellt. Bereits 1057 wird ein Marienaltar in dieser Apsis erstmals urkundlich erwähnt.

Auch der Aufbau in der Südapsis stellt eine Kombination aus Alt und Neu dar: Drei lebensgroße Statuen des Christus Salvator und der Heiligen Petrus und Andreas, die Tilman Riemenschneider und seine Werkstatt 1502/06 für die Strebepfeiler der Marienkapelle am Marktplatz geschaffen haben und die ebenfalls seit dem 19. Jahrhundert im Dom stehen, wurden von Helmut Weber in

△ Marienaltar in der Nordapsis, Madonna

△ Decke des Mittelschiffs

ein baumartig aufwachsendes Gebilde einbezogen. Auch dieser sogenannte Apostelaltar hatte spätestens seit 1257 einen mittelalterlichen Vorgänger in Form des Altars zu Ehren der Heiligen Petrus und Paulus.

Auch das Mittelschiff trägt trotz der zwischenzeitlich zwei Renovierungen noch wesentlich den Charakter der ersten Wiederaufbauzeit. So wurde seine flache Holzdecke von Franz Nagel 1965/66 in gedeckten Farbtönen mit einer rein abstrakten Malerei versehen, der als inspirierendes Thema die Visionen des Propheten Ezechiel nach Ez 37,1–14 zugrunde gelegt sind. Darin wird mit dramatischen Mitteln die Wiederbelebung einer großen Menge ausgetrockneter Knochen, die unbestattet über eine Ebene verstreut liegen, als alttestamentlicher Präfiguration der christlichen Auferstehungshoffnung geschildert. Der abstrakten Farbverglasung aus dem Jahr 1965 liegen im Mittelschiff Entwürfe von Ludwig Schaffrath, in den Seitenschiffen von Nagel zugrunde. Sie passt sich mit ihren Blau-Grau-Tönen dem dezenten Farbklang der Decke an.

Ebenso sind die Orgel und ihre mächtig sich in den Raum vorschiebende, metallbeschlagene Empore von 1968 unverkennbar Beiträge der Ästhetik der 1960er Jahre. Die monumentale Menora darunter kam 1982 als Stiftung ihres Schöpfers, des 1901 in Halle an der Saale geborenen und 1983 in Würzburg verstorbenen Silberschmieds Andreas Moritz, in den Dom. In der Tradition siebenarmiger Leuchter, die schon in mittelalterlichen Kirchen wie etwa dem Essener

Münster oder dem Braunschweiger Dom Aufstellung fanden, erinnert sie an den alttestamentlichen Tempel Salomos. Zugleich gemahnt die Menora an die Geschichte der großen jüdischen Gemeinde in Würzburg, die bereits im Gefolge der Pestepedemien gegen Mitte des 14. Jahrhunderts und nochmals im Holocaust fast vollständig ausgelöscht wurde.

Bei der letzten Renovierung 2011/12 wurde als wesentliche liturgische Veränderung das bis dahin in einer separaten Kapelle aufgestellte Taufbecken wieder ins Zentrum des Hauptschiffs gerückt, wo es wahrscheinlich schon im Mittelalter gestanden hatte. Schrittweise wurde dem Dom damit während der vergangenen rund sechzig Jahre eine Art Zeitachse unterlegt. Sie beginnt am Westportal mit der Erschaffung der Welt, dem Sündenfall und der Vertreibung aus dem Paradies. Beim Eintritt in den Dom gemahnt der siebenarmige Leuchter an das Alte Testament und den Alten Bund und damit an die gemeinsame Wurzel von Christentum und Judentum. Im Taufbecken wird die Aufnahme des Christenmenschen in die Gemeinschaft der Kirche vollzogen und an diesen Vorgang erinnert. In der Vierung als Ort der Liturgie kommt die göttliche Heilszusage im Hier und Jetzt zum Tragen, woraufhin der wiederkehrende Christus am östlichen Ende die Verheißung des ewigen Lebens und der Vollendung der Welt vor Augen führt. Die Zeitachse symbolisiert also die Welt- und Menschheitsgeschichte nach christlicher Vorstellung und das Leben des einzelnen Menschen in dieser christlichen Gemeinschaft zugleich.

INNENPORTALE

Auch mehrere Portale innerhalb des Domes wurden zum Abschluss des Wiederaufbaus 1967 von verschiedenen unterfränkischen Künstlern neugestaltet. Zwei von ihnen verbinden das südliche Seitenschiff mit dem angrenzenden Kreuzgangflügel. Das westliche enthält in barockem Steingewände eine Bronzetür von dem in Vasbühl bei Schweinfurt ansässigen Max Walter. Es zeigt, basierend auf der Offenbarung des Johannes, den Kampf der himmlischen Engelschar unter Führerschaft des Erzengels Michael gegen den wie eine Hydra vielköpfig über die Fläche sich ausbreitenden Drachen. Die in ihrer Reduktion auf das Elementare eindrucksvolle, vielfach durchbrochene Darstellung erinnert an vorgeschichtliche Kunstformen und dokumentiert damit auch eine Art Ursprungssuche der christlichen Kunst nach der Katastrophe 1945.

Das östliche Portal im Südseitenschiff wurde mit Eisengusstüren des in Reistenhausen bei Miltenberg ansässigen Malers, Grafikers und Bildhauers Hanns Bail geschmückt.

△ Westliches Portal vom Südseitenschiff zum Kreuzgang

△ Portal vom Südquerarm zur Sepultur

Durch sein lockeres, leichtes Gewebe gewährt es den Blick in den Kreuzgang und seinen beschaulichen Innenhof. Das spitzbogige Bogenfeld nimmt ein Tympanonrelief ein, das infolge der Kriegszerstörung 1945 hinter dem Altarretabel an der Stirnwand des Südquerarms zum Vorschein kam und zu einem spätgotischen Portal der Zeit um 1450 gehörte. In zwei Registern ist das Weltgericht dargestellt: Oben thront Christus mit Schwert und Lilie auf einem Regenbogen, flankiert von den Fürbittern Maria und Johannes. Engel mit großen Posaunen rufen die kleinen Menschengestalten aus ihren Gräbern. In der unteren Zone ziehen zur Rechten Christi die seligen Erlösten – Personen geistlichen und weltlichen Standes – in das durch einen palasartigen Bau angedeutete himmlische Jerusalem ein, angeführt von Petrus mit dem Schlüssel zum Paradies. Auf der anderen Seite zerrt eine Teufelsgestalt die greinenden und verzweifelten Verdammten an einer Kette hinter sich her zu einem riesigen geöffneten Drachenmaul. Das recht derbe Relief wird einem Nürnberger Meister zugeschrieben; eine ähnliche, aber qualitätvollere und etwa eine Generation ältere Version findet sich am Westportal der Würzburger Marienkapelle.

Vom südlichen Querarm aus führt ein von Heinrich Söller aus Schweinfurt gestaltetes Bronzeportal in den anstoßenden Ostflügel des Kreuzgangs. Es zeigt in durchbrochener Arbeit auf den beiden Flügeln die klugen und die törichten Jungfrauen, die nach dem Gleichnis den Bräutigam erwarten. Im Türsturz thront Christus mit lehrend erhobener rechter Hand und einem Buch in der Linken.

Die aus Eichenholz geschnitzte Pforte in die Sepultur rechts vom Dechantaltar ist ein Werk des Würzburger Bildhauers Karl Schneider. Sie verbindet das Motiv des Jonas im Maul des Wals, Symbol der Auferstehung, mit dem himmlischen Jerusalem und dem Lamm Gottes, von dem aus sich ein Segensstrahl zum Propheten hinab ergießt als Sinnbild des ewigen Lebens.

△ Östliches Portal vom Südseitenschiff zum Kreuzgang, Tympanon

AUSSTATTUNG

TAUFBECKEN

Das in Bronze gegossene Taufbecken wurde laut einer am oberen Rand verlaufenden Inschrift 1279 auf Veranlassung des Dompfarrers Walther angefertigt. Auch der Künstler Eckard von Worms hat sich inschriftlich auf dem Bildfeld der Taufe Christi verewigt. Auf der Wandung des zylindrischen Beckens befinden sich zwischen kräftigen turmartigen Strebepfeilern acht Bildfelder unter gekuppelten Dreipässen mit krabben- und kreuzblumengeschmückten Wimpergen. Beginnend an der Nordwestseite sind in anschaulichen Reliefs Mariae Verkündigung, Christi Geburt, Christi Taufe im Jordan, Kreuzigung, Christi Auferstehung, Christi Himmelfahrt, Pfingstwunder und Jüngstes Gericht dargestellt. Die dreiviertelrunden Reliefs wurden einzeln gegossen, aufgenietet und zum Teil aufwendig mit Stichel und Punze nachbehandelt, um beispielsweise stoffliche Eigenheiten herauszuarbeiten. Liebevolle Details sind etwa Ochse und Esel, die der Geburt zuschauen, oder bei der Himmelfahrt die Abdrücke der Füße Christi auf dem Podest, von dem aus er soeben zum Himmel entschwebt ist. Der im Rheinland hergestellte Import ist im süddeutschen Raum singulär und auch mit seiner genauen Datierung und Künstlerselbstauskunft ungewöhnlich für das 13. Jahrhundert.

▷ Taufbecken, Auferstehung Christi

DREIKÖNIGSGRUPPE

Unweit des Taufbeckens an drei Pfeilern der Nordseite des Mittelschiffs stehen die überlebensgroßen Statuen einer Dreikönigsgruppe in Anbetung der Muttergottes. Ihr ursprünglicher Standort ist unbekannt; ob sie in einer ehemals vorhandenen Vorhalle des Domes beheimatet war, bleibt Vermutung. Auch die Datierung lässt sich nur ungefähr mit 1280/1300 angeben, qualitative Unterschiede deuten überdies auf mehrere Bildhauer hin. Von hervorragender Qualität ist die Madonna selbst, die mit liebevollem Lächeln ihr Kind auf dem linken Arm betrachtet, während die rechte Hand einen in reichen Linien fallenden Zipfel ihres Mantels emporhält. Christus wendet sich der Mutter zu und führt seinen ausgestreckten rechten Arm zu einer Brosche auf ihrer Brust. Von Maria aus gesehen rechts nähert sich in kniender Haltung der bärtige alte König Balthasar, die Krone locker auf dem Oberschenkel balancierend, mit Goldmünzen im erhobenen rechten Arm. Die beiden anderen König stehen an den benachbarten Pfeilern: Melchior östlich und links Kaspar, wobei vor allem letzterer die künstlerische Qualität der Mittelgruppe nicht erreicht. Mit ihren unterschiedlichen Alterscharakterisierungen verkörpern die Magier die drei Lebensaltar Blüte, Herbst und Winter; ihre zum Teil original erhaltene Bemalung verweist überdies symbolisch auf die gesamte abendländische Christenheit in Verehrung der Muttergottes, stehen sie doch für die drei Königreiche Frankreich (Balthasar), Deutschland (Melchior) und England (Kaspar). Die Gruppe folgt stilistisch der Tradition früh- und hochgotischer Monumentalskulptur wie etwa in Bamberg oder Naumburg und war ihrerseits Vorbild für zahlreiche weitere Dreikönigsdarstellungen im gesamten Frankenland.

▽ Dreikönigsgruppe, Maria und Balthasar

▽ Dreikönigsgruppe, Melchior

AUSSTATTUNG

KANZEL

1609/10 entstand im Auftrag und auf Kosten des Rates der Stadt Würzburg die Kanzel für die Dompfarrei. Man scheute sich nicht, mit dem figürlichen Schmuck aus Alabaster Michael Kern, einen protestantischen Künstler aus dem hohenlohischen Forchtenberg, zu beauftragen. Die Steinmetzarbeiten besorgte Jobst Pfaff, dessen Zeichen sich an zahlreichen Stellen findet. Der Korb überstand eingemauert den Zweiten Weltkrieg. Der Schalldeckel aus Holz wurde ein Opfer der Bombennacht von 1945 und erst 1985 rekonstruiert. Auf Volutenspangen am Fuß der Kanzel lagern lauschend und schreibend die bewegten Figuren der vier Evangelisten mit ihren Symbolen zu Füßen: im Südwesten Johannes mit dem Adler, im Nordwesten Lukas mit dem Stier, im Nordosten Markus mit dem Löwen und im Südosten Matthäus mit dem Engelskopf. Den tragenden Pfeiler umstellen die vier lateinischen Kirchenväter, von der Westseite aus gesehen im Uhrzeigersinn Augustinus, Papst Gregor der Große, Ambrosius mit Bienenkorb und Hieronymus als Kardinal. An den fünf freien Seiten des sechseckigen Korbes sind zwischen Säulen in segmentbogig geschlossenen Bildfeldern übereinander jeweils Szenen aus der Passion Christi angebracht. Die Reihe beginnt chronologisch neben der Kanzeltreppe mit Christus am Ölberg und dem Verrat durch Judas. Es folgen die Szenen Christi vor Kajaphas und vor Pilatus, Geißelung und Dornenkrönung sowie Kreuztragung und Kreuzigung. Das letzte Feld auf der Südwestseite zeigt die Kreuzabnahme und die Grablegung. Den oberen Abschluss der Kanzeltreppe zieren sieben weibliche Figuren als Versinnbildlichungen der Tugenden: über der rundbogigen Tür Glaube, Gerechtigkeit und Hoffnung sowie am Aufgang von unten beginnend Mäßigung, Klugheit, Tapferkeit und Liebe. Der Schalldeckel trägt an seiner Unterseite die vergoldete Heiliggeisttaube im Strahlenkranz. Auf der Oberkante seines reichen Gebälks stehen zwischen giebelartigen Aufsätzen Statuet-

ten mit den Leidenswerkzeugen Christi. Mit ihrem kleinteiligen Figurenmaßstab und den konturenreichen Silhouetten von Aufgang und Deckel steht die Kanzel noch in der Tradition des Manierismus, doch lassen die zusammenfassende Architekturgliederung des Korbes und die zum Teil geschlossene Komposition der ausgezeichneten Reliefs bereits Form- und Gestaltungsprinzipien des beginnenden Barocks erkennen.

△ Kanzel, Gesamtansicht

AUSSTATTUNG

WEITERE SKULPTUREN, WANDBILDER UND GEMÄLDE

Den Aufgang vom Mittelschiff zum Altarbereich flankieren heute zwei spätgotische Kunstwerke aus der Riemenschneider-Werkstatt. Auf der rechten Seite steht als figürlicher Pultträger – vor allem im Mittelrheingebiet auch Atzmann genannt – ein steinerner Diakon von etwa 1500. Gegenüber hat seit der jüngsten Renovierung eine in Holz geschnitzte Muttergottes von etwa 1515 als Kerzenmadonna auf einer zylinderförmigen Stele nach Entwurf von Jürgen Lenssen ihren Platz.

Hoch oben im Bogen zwischen Vierung und Altarraum hängt auf einem von Heinrich

△ Kanzel, Geißelung Christi

△ Diakon

Gerhard Bücker mit den Evangelistensymbolen gestalteten Kruzifix ein italienischer Christuskorpus aus der Zeit um 1300. Es ersetzte 1983 einen 1945 verbrannten, mit insgesamt rund sieben Metern Höhe gewaltigen Vorgänger des späten 15. Jahrhunderts, wahrscheinlich ebenfalls von Riemenschneider.

Zwei ehemals im Altarraum befindliche Ausstattungsstücke haben heute ihren Platz am westlichen Ende des Mittelschiffs. Das frühere Chorgitter trennte bis in die Wiederaufbauzeit hinein die Vierung vom Altarraum ab. Es ist eine virtuose Rokokoarbeit Markus Gattingers, eines Mitarbeiters des vielleicht bedeutendsten Schlossers und Kunstschmieds seiner Zeit Johann Georg Oegg, von 1750/52. Den Abschluss des Mittelstücks

△ Kerzenmadonna

△ Triumphkreuz (oben)

△ ehem. Chorgitter, Detail (unten)

bildet eine Wappenkartusche mit dem fränkischen Rechen. Weil das Gitter für den jetzigen Standort etwas zu schmal war, wurde es vom Würzburger Kunstschmied Philipp Schrepfer ergänzt. Die beiden verschieden gestalteten Gitter zu den Seitenschiffen stammen aus dem 17. Jahrhundert.

Ebenfalls im Eingangsbereich steht auf vier mächtigen Kugelfüßen mit Adlerkrallen ein Lese- oder Sängerpult für die großen Chorbücher, eine kraftvoll-barocke Arbeit des Nürnberger Gießers Johann Wurzelbauer von 1644; seine Signatur befindet sich in einem Medaillon am Vorderrand der Pultfläche. Gestiftet wurde es vom Domherrn Philipp Rudolf von Fronhofen, dessen Wappen die Vorderseite ziert. An den Flanken sind die Muttergottes und der heilige Kilian dargestellt, auf der Rückseite prangt das Christusmonogramm. Der Pultschräge liegen die 22 Wappen der Mitglieder des damaligen Domkapitels sowie oben in der Mitte das Wappen des Fürstbischofs Johann Philipp von Schönborn auf, dessen Beschriftung zugleich die Datierung enthält.

Das westliche Ende des Nordseitenschiffs wurde 2011/12 durch eine Mauerscheibe als Raum für die persönliche Andacht abgetrennt. Zugleich wird hier der zahlreichen Toten gedacht, die nach dem Bombenangriff auf Würzburg 1945 an diesem Ort niedergelegt worden waren. Die Kopie des Nagelkreuzes von Coventry an der Südseite gemahnt seit 2015 die Lebenden an ihren Versöhnungsauftrag. Vor einer großen goldenen Fläche steht ein ausdrucksvolles Vesperbild aus der Zeit um 1410. Ihm gegenüber ist eine russische Marienikone des 19. Jahrhunderts platziert.

Östlich vor der Trennmauer hat ebenfalls 2011/12 die lebensgroße Gruppe einer

△ Lesepult

△ **Vesperbild**

Marientoddarstellung ihren Platz gefunden. Das teilweise beschädigte Werk zeigt die selig Entschlafene im Kreis der Apostel. Besonders erschüttert ist Johannes gezeichnet, der sich am Lager der Verstorbenen niedergeworfen und ihre linke Hand ergriffen hat. Andere Zeugen des Geschehens sind in unterschiedlichen Tätigkeiten gezeigt, etwa ein Kreuz haltend, ein Salbgefäß öffnend oder aus Büchern die Sterbegebete rezitierend. Auch zwei Engel haben sich seitlich neben dem auf einem Kissen ruhenden Haupt der Muttergottes eingefunden. Die lebendige Charakterisierung der unterschiedlichen Regungen der Apostel und die Vielgestalt der stofflichen Textur lassen auf die Schöpfung eines ausgezeichneten Meisters um 1440 schließen, der möglicherweise in Frankfurt am Main ansässig war.

An Pfeilern der Südseite des Langhauses traten infolge der Zerstörung des Domes 1945 mehrere gotische Wandbilder zum Vorschein, die zum Teil mit ihrer Trägerschicht abgenommen und ins Südseitenschiff transferiert wurden. Das älteste von ihnen stammt aus der zweiten Hälfte des 13. Jahrhunderts und zeigt unter Dreipässen mit Wimpergen die drei Heiligen Felix, Regula und Exuperantius. Zwei dem mittelalterlichen Bedeutungsmaßstab entsprechend wesentlich kleinere Adoranten darunter offenbaren anhand von Inschriften den Grund für diese ungewöhnliche Wahl: Ulrich Rüschlin und Werner Pfenzing aus Zürich ließen hier die Patrone ihrer Heimatstadt verbildlichen. Am besten erhalten ist die weiter westlich angebrachte Malerei mit Maria und dem Apostel Johannes. Ein Stifterpaar kniet seitlich am unteren Rand. Die weich fließenden, voluminösen Gewänder mit ihren bewegten Konturen und der schillernden Farbigkeit weisen auf den sogenannten Internationalen Stil um 1400 hin. Das dritte Wandbild zeigt Christus als Schmerzensmann mit den Heiligen Katharina, Maria (oder Barbara) und Johannes. Die asketische Zeichnung Jesu deutet auf eine etwas frühere Entstehung um 1380. Am originalen Fundort, der Westseite des östlichsten Pfeilers der Südseite, verblieb eine stark beschädigte Kreuzigung Christi mit Maria und Johannes, ebenfalls aus dem späten 14. Jahrhundert.

Eine Leihgabe der katholischen Kirchenstiftung St. Josef in Schweinfurt-Oberndorf ist das Gemälde mit Mariae Verkündigung an der Westwand des südlichen Querarms

◁ Blick in die Andachtskapelle mit Marientodgruppe, Gemälde von Marco Tirelli und Vesperbild

△ Wandbild mit Maria und Johannes

△ Gemälde am barrierefreien Eingang

über dem Portal zum Kreuzgang. Die mehr als zwei Meter hohe Leinwand von dem aus Mecheln 1660 nach Würzburg eingewanderten Flamen Oswald Onghers hing ursprünglich in einem Seitenaltar der Prämonstratenserabteikirche Oberzell und gelangte als Säkularisationsgut im frühen 19. Jahrhundert zunächst nach Schweinfurt und anschließend nach Oberndorf. Zu der an einem Betschemel knienden Maria tritt von rechts der Erzengel Gabriel, mit einem Lilienstängel als Zeichen ihrer Jungfräulichkeit in der Hand. Auf einem Lichtstrahl, der von seinem Mund ausgeht, sind die lateinischen Grußworte »Ave Gratia plena« (»Sei gegrüßt, voll der Gnade«) zu lesen. Ein Puttenreigen mit der Heiliggeisttaube darüber deutet die übernatürliche Geburt des göttlichen Kindes an. Der Blumenstrauß links im Vordergrund ist eine Anspielung auf Maria, die in der Lauretanischen Litanei unter anderem als »Rose ohne Dornen« bezeichnet wird, ein Bild dafür, dass sie frei von der Erbsünde ist. In Farbigkeit und verhaltener Dramatik ist die Malerei ein charakteristisches Werk für den in der Nachfolge Peter Paul Rubens' stehenden Niederländer. Als Pendant hängt an der Westwand des Nordquerarms über dem Portal zur ehemaligen Pfarrsakristei ein Gemälde mit der Darstellung Johannes des Täufers von einem unbekannten Meister des 17. Jahrhunderts.

Ins 18. Jahrhundert datiert eine etwa lebensgroße Holzfigur des ersten Würzburger Bischofs Burkard mit weißgoldener Farbfassung am südöstlichen Vierungspfeiler. Der Heilige ist mit Mitra und Krummstab dargestellt und hat seine rechte Hand zum Segensgestus erhoben. Die mit dichtem Blattwerk geschmückte Konsole stammt von Wolfgang Finger-Rokitnitz, der seine Bildhauerlehre bei dem Würzburger Karl Schneider absolvierte.

Im Nordseitenschiff steht die lebensgroße Figur des Apostels Johannes. Es handelt sich um eine weitere der etwa halbrund ausgearbeiteten Statuen von Riemenschneider und seiner Werkstatt für die Strebepfeiler der Marienkapelle am Marktplatz.

Ferner sind in den Seitenschiffen diverse fürstbischöfliche Wappensteine angebracht, im südlichen Seitenschiff rechts und links des Kreuzgangportals mit dem Weltgerichtstympanon diejenigen von Johann III. von Grumbach und seines Nachfolgers Rudolf von Scherenberg mit feiner spätgotischer Helmzier. Rechts neben dem Kiliansportal im Nordseitenschiff ist das Wappen Johann Philipps von Schönborn eingelassen.

Seit der Renovierung 2011/12 befinden sich im Dom mehrere großformatige Werke zeitgenössischer Künstler, mit denen die Aktualität der christlichen Botschaft zum Ausdruck gebracht werden soll. Seitlich des Westeingangs hängen zwei Pietà-Darstellungen Peter Vogts aus den Jahren 1985 und 1986, in denen der 2013 verstorbene Maler Motive flämischer Barockbilder des 17. Jahrhunderts in eine expressive Formensprache überträgt. Die Westwand des Südseitenschiffs beherrscht ein ungegenständliches Gemälde unter dem Titel »Crescendo« von Matteo Montani aus dem Jahr 2011. Pendantartig hängt im Nordseitenschiff an der Trennwand zur Andachtskapelle über der Marientodgruppe eine unbetitelte Komposition Marco Tirellis ebenfalls von 2011. Den benachbarten Windfang des barrierefreien Eingangs gestaltete Mimmo Paladino 2012 in bewusst einfacher, assoziativ wirkender Bildsprache mit einer Kreuzigungsdarstellung und den Leidenswerkzeugen Christi.

GRABDENKMÄLER DER FÜRSTBISCHÖFE UND BISCHÖFE

Die künstlerisch vielleicht bedeutendsten Ausstattungsstücke im heutigen Dom sind die Grabmonumente, deren Reihe im 12. Jahrhundert ihren Anfang nimmt. Nächst der Mainzer verfügt die Würzburger Kathedrale über die umfangreichste Folge an Grabdenkmälern in einer deutschen Bischofskirche. Von allen legitimen Fürstbischöfen lückenlos zwischen 1314 und 1440 sowie zwischen 1443 und 1631, ferner von fast allen Bischöfen des 19. und 20. Jahrhunderts haben sie sich erhalten, vereinzelt auch aus anderen Epochen. Die meisten Fürstbischöfe wurden – mit Ausnahme der Eingeweide, die seit dem 13. Jahrhundert in der Marienkirche auf dem Marienberg bestattet, sowie der Herzen, die seit dem 12. Jahrhundert in der Regel ins Zisterzienserkloster Ebrach gebracht wurden – tatsächlich im Dom beigesetzt. Über ihren Gräbern lagen zusätzlich zu den meistens in der Nähe an einem der Langhauspfeiler aufgestellten Grabdenkmälern Grabplatten, die jedoch schon im frühen 18. Jahrhundert an die Wände der Seitenschiffe gehängt wurden oder verloren gingen. Nach 1945 konnten bei Grabungen zahlreiche Gruftstätten freigelegt und die darin befindlichen sterblichen Überreste häufig identifiziert werden. Kleine schwarze Kreuze in den grauen Marmorplatten markieren die Grabstätten.

Den zeitlichen Beginn der Reihe macht am zweiten Pfeiler der Nordseite das Kenotaph für den während des Dritten Kreuzzugs in Antiochia gestorbenen und dort wohl auch begrabenen Gottfried I. von Spitzenberg-Helfenstein (1186–1190), das allerdings 1945/46 stark zerstört wurde und aus zahllosen Einzelteilen wieder zusammengesetzt werden musste. Das Werk aus rotem Sandstein dokumentiert deutlich die Herkunft des hochmittelalterlichen Grabdenkmals aus dem Motiv des in seinem Sarkophag liegenden Verstorbenen. Leicht eingezwängt zwi-

AUSSTATTUNG

schen dem breiten Rahmen mit umlaufender Inschrift, trägt der ganzfigurige Bischof Mitra und hat Krummstab und ein Buch mit dem Aufruf »Orate pro me« (»Betet für mich«) in den Händen, aber noch nicht das herzogliche Schwert.

Das zeitlich nächsterhaltene Grabdenkmal aus grünem Sandstein in unmittelbarer Nachbarschaft widmet sich gut hundert Jahre später Manegold von Neuenburg (1287–1303). Die kraftvoll-diesseitige Figur des Fürstbischofs mit fast brutalem Gesichtsausdruck – der allerdings vielleicht erst von einer barockzeitlichen Erneuerung herrührt – steht

nun aufrecht. Erstmals auch ist der Bischof mit dem Herzogsschwert abgebildet.

Manegolds Nachnachfolger Gottfried III. von Hohenlohe (1314–1322) erhielt ebenfalls aus grünem Sandstein eine relativ einfache Grabplatte, die in flachem Relief den Fürstbischof mit Segensgestus zeigt. Zum ersten Mal lässt sich hier auf einem Würzburger Bischofsgrabmal das Rationale nachweisen, ein bandartiges textiles Würdezeichen über dem Messgewand. In den Zwickeln über dem mit einer großteils verschwundenen Inschrift versehenen Rahmen der spitzbogigen Nische sind zwei Fabelwesen zu sehen, die als Katze

△ Grabdenkmal Fürstbischof Gottfried I. von Spitzenberg-Helfenstein

△ Grabdenkmal Fürstbischof Manegold von Neuenburg

AUSSTATTUNG

und Eule angesprochen werden, ihre tiefere Bedeutung aber nicht preisgeben.

Das Grabdenkmal Wolframs von Grumbach (1322–1333) aus gleichem Material wie die beiden vorgenannten präsentiert auf quaderförmigem Inschriftensockel den Fürstbischof unter einem tiefen Kielbogen mit Krabben und Kreuzblumen. Das ehemals von seiner rechten Hand gehaltene Herzogsschwert ging schon in früheren Jahrhunderten verloren. Erstmals sind in den vier Ecken die großelterlichen Wappen des Verstorbenen als Nachweis adliger Abkunft zu sehen.

Einen frühen Höhepunkt in dieser Reihe bildet am dritten Freipfeiler von Westen auf der Südseite das Monument für Otto II. von Wolfskeel (1333–1345) von dem nach diesem Werk benannten Wolfskeel-Meister. In vollendeter Technik ist die asketische Gestalt des Fürstbischofs mit seinem ausdrucksvollen, wenn auch beschädigten Kopf teilweise freiplastisch aus dem grünen Sandstein herausgearbeitet. In großen weichen Schüsselfalten fällt das Gewand den schlanken, leicht S-förmig gebogenen Körper hinab, der als Ausdruck seiner Macht auf einem gebändigten Löwen mit grimmigem Ausdruck und wallen-

△ Grabdenkmal Fürstbischof Wolfram von Grumbach

△ Grabdenkmal Fürstbischof Otto II. von Wolfskeel

der Mähne steht. Eine zweizeilige Inschrift rühmt die Verdienste des Verstorbenen, dessen Regierungszeit zu den glücklicheren in der bewegten Bistums- und Hochstiftsgeschichte des späten Mittelalters gehörte.

Im Gegensatz dazu war die lange Regentschaft seines Nachfolgers Albrecht II. von Hohenlohe (1345/50–1372) von heftigen Auseinandersetzungen mit der Stadt Würzburg, von Pestepidemien, Judenverfolgungen und ständiger Geldnot im Hochstift geprägt. Sein Grabdenkmal schließt sich stilistisch an dasjenige des Wolfskeel-Meisters und ist vielleicht ein spätes Werk derselben Werkstatt, allerdings in deutlich voluminöseren, diesseitiger wirkenden Formen.

Auch Gerhard von Schwarzburg (1372–1400) war mit den eigenen Untertanen in teils kriegerische Konflikte verwickelt. Noch im letzten Jahr seines Lebens lieferte er sich gegen ein Heer aufständischer Bürger und Bauern aus Würzburg und anderen Städten vor den Toren Bergtheims eine für den Landesherrn siegreiche Schlacht, die die Ambitionen der Bürgerschaft nach politischer Selbständigkeit in Form der Reichsfreiheit endgültig niederrang. Sein an der Westwand des Nordquerarms befindliches Denkmal, ursprünglich etwas weiter südlich nahe dem Grab errichtet, bildet den energischen, zur Sicherung seines Herrschaftsbereichs vor Gewalt nicht zurückschreckenden Fürsten und Bischof als eine recht nachdenkliche, in sich versunkene Gestalt ab.

Das Monument für Johann I. von Egloffstein (1400–1411), 1402 Gründer der ersten, allerdings nach kurzer Zeit gescheiterten Universität Würzburg, befindet sich heute im südlichen Seitenschiff. In turmartigem Gehäuse steht auch dieser Fürstbischof wie seine Vorgänger mit Schwert und Krummstab auf einem Löwen, umgeben von fünf Wappen, darunter oben links und rechts dem fränkischen Rechen und dem Rennfähnlein. Den Abschluss bildet ein mit Krabben und Kreuzblume besetzter Baldachin, der in einem stark beschädigten Relief die Verkündigung an Maria wiedergibt.

Johann II. von Brunn (1411–1440), dessen konfliktreiche Regierungszeit unter anderem von ständigen Auseinandersetzungen mit dem eigenen Domkapitel überschattet war, erhebt sich als kraftvolle Monumentalfigur am vierten Freipfeiler der Südseite. Der einfache Faltenwurf unterstreicht die eindrucksvolle Gestalt dieses freilich für die Geschichte des Bistums und Hochstifts eher weniger rühmlichen Landesherrn. Die Trauben, um die sich spiralförmig eine Inschrift wickelt, verweisen gleichwohl auf die Hoffnung des Verstorbenen, dereinst im Weinberg des Herrn Labung zu genießen.

Östlich benachbart erinnert ein Monument an den Nachnachfolger Gottfried IV. Schenk von Limpurg (1443–1455). Seine füllige, fast etwas derbe Gestalt steht wie Johann I. von Egloffstein unter einem turmartigen Baldachin mit Krabben und Kreuzblumen. An dessen maßwerkgeschmücktem Fuß sind vier Ahnenwappen angeordnet, denen vier weitere Wappen am Sockel des Denkmals antworten. Erstmals in der Bischofsreihe sind also hier die acht urgroßelterlichen Wappen verbildlicht. Das Grabdenkmal ist auch das erste in Würzburg, das sich mit einer Künstlerpersönlichkeit verbindet: Es wird dem sonst allerdings kaum fassbaren Linhard Remer zugeschrieben.

Infolge des Zweiten Weltkriegs schwer beschädigt und nur fragmentarisch im südlichen Seitenschiff aufgestellt ist das Grabdenkmal Johanns III. von Grumbach (1455–1466), auch dies ein Werk Remers. Ehemals wie zwei seiner Vorgänger unter hohem, mit Krabben und Kreuzblumen geschmücktem Baldachinhelm aufgestellt, zeigt die vornehm gezeichnete Figur schon ganz den knittrigen Faltenwurf der spätesten Gotik.

Ihren künstlerischen Höhepunkt erreicht die Folge der Bischofsgrabdenkmäler mit zwei Werken Tilman Riemenschneiders. Sie stehen heute an der nördlichen Pfeilerreihe des Mittelschiffs, nachdem sie bis zur Neuordnung nach dem Zweiten Weltkrieg auf der gegenüberliegenden Seite ihren Platz hatten. Durch Einhausungen geschützt, haben sie

den Zweiten Weltkrieg unbeschädigt überstanden. Dem Fürstbischof Rudolf II. von Scherenberg (1466–1495) gilt das Grabdenkmal am siebten Pfeiler. Etwa 65-jährig wurde er vom Domkapitel zum Fürstbischof gewählt, wohl weil es ihn wegen seines Alters als Übergangslösung erachtete. Doch darin täuschte man sich: Rudolf lebte noch fast dreißig Jahre lang und regierte – da es sich um ein Amt auf Lebenszeit handelte – bis zu seinem Tod im Alter von 94 Jahren. Riemenschneiders Werk, das er 1496 in Auftrag nahm und 1499 aufstellte, präsentiert den Fürstbischof als sichtlich bejahrten Herrn mit zahlreichen Falten, zugleich jedoch als ungemein wache, geistvolle Persönlichkeit. Mit eindrucksvoller Präzision sind die feinsten Details aus dem Adneter Marmor herausgearbeitet, mit Lässigkeit und doch zupackendem Griff sind Bischofsstab und Schwert als Zeichen geistlicher Würde und herzoglicher Macht von den lebensvollen Händen umgriffen. Der leicht zur Seite geneigte Blick geht heute nach Westen, wohingegen der ursprüngliche Aufstellungsort eine Ausrichtung des Verstorbenen zum Geschehen am Altar sicherte. Engel halten fränkischen Rechen und hochstiftisches Rennfähnlein neben dem Haupt des Verstorbenen, darunter sind die vier großelterlichen Wappen angebracht, als Sockel dient eine von Engeln flankierte lange Inschrift. Figurenstil und ornamentale Gestaltung vor allem bei Maßwerk, Kielbögen, Krabben und Kreuzblumen oberhalb des Fürstbischofs sind noch ganz dem spätgotischen Formenrepertoire entnommen.

Der 1519 verstorbene Nachfolger Rudolfs, Lorenz von Bibra (1495–1519), gab sein östlich benachbartes Grabdenkmal noch selbst zu Lebzeiten 1516 bei Riemenschneider in Auftrag. Es wurde 1522 aufgestellt. Anders als der leicht entrückt anmutende Ausdruck des Bischofs Rudolf von Scherenberg strahlt der geradeaus gewendete Blick Lorenz' erdgerichtete Diesseitigkeit aus. Vor allem der

◁ Grabdenkmal Fürstbischof Rudolf II. von Scherenberg

AUSSTATTUNG

Rahmen zeigt bereits Formen der beginnenden Renaissance. Antik anmutende Säulen mit korinthisierenden Kapitellen flankieren den Bischof, inmitten von Lorbeergewinden in der rundbogigen Lünette über dem Haupt des Verstorbenen tummeln sich nackte Putten; ebensolche schwirren auch als Wappenhalter um den Bischof herum. Als humanistisch gebildete Persönlichkeit mag Lorenz ein Wort bei der sichtlich modernen Gestaltung seines Grabdenkmals mitgesprochen haben, dessen aus Adneter Marmor bestehendes Hauptfeld Meister Riemenschneider selbst

△ Grabdenkmal Fürstbischof Lorenz von Bibra, Detail

◁ Grabdenkmal Fürstbischof Lorenz von Bibra

AUSSTATTUNG

angefertigt hat, während der Sandsteinrahmen möglicherweise von einem seiner Mitarbeiter stammt. Die rechteckige Bronzegrabplatte für Lorenz von Bibra hängt heute im Nordseitenschiff und ist die älteste, die sich von einem Würzburger Fürstbischof zusätzlich zum Grabdenkmal erhalten hat. Sie zeigt unter einem Rankenbaldachin die stehende Ganzfigur in vollem Ornat sowie mit Schwert, Krummstab und Wappen zu den Füßen. Umgeben ist sie von einer Inschriftenleiste, die in den Ecken von den vier großelterlichen Wappen unterbrochen wird. Gegenüber der idealisierten, verjüngt und kosmetisch korrigiert wirkenden Darstellung auf Riemenschneiders Grabdenkmal fallen hier die deutlich älteren, grimmigen Gesichtszüge und die tiefen Falten am Hals auf. Tatsächlich litt der Fürstbischof wohl seit seinen Jugendjahren an der Syphilis und war gegen Ende seines Lebens körperlich entstellt. Vielleicht wurde dieses Portrait nach der Totenmaske oder einem Entwurf Riemenschneiders angefertigt. Als ausführende Kraft dieser ebenso künstlerisch eindrucksvollen wie persönlich erschütternden Grabplatte kommt in der Zeit um 1520 nur die berühmte Nürnberger Gießerwerkstatt Peter Vischers d. Ä. in Frage.

△ Grabplatte Fürstbischof Lorenz von Bibra

△ Grabdenkmal Fürstbischof Konrad II. von Thüngen

AUSSTATTUNG

△ Grabdenkmal Fürstbischof Melchior Zobel von Giebelstadt

Konrad II. von Thüngen (1519–1540), der vor allem als harter Bezwinger des fränkischen Bauernaufstandes 1525 in die Geschichte eingegangen ist, erhielt sein Grabdenkmal an der Ostwand des Südquerarms. Nach dem Tod Riemenschneiders 1531 scheint ein geeigneter Bildhauer in Würzburg nicht mehr verfügbar gewesen zu sein, denn mit Loy Hering kam ein in Eichstätt ansässiger Meister zum Zug. Das erstmals als Hängeepitaph gestaltete Werk zeigt den Fürstbischof nicht wie bislang frontal stehend, sondern entblößten Hauptes vor dem Kreuz Christi kniend, begleitet von Hofkaplan und Marschall mit Krummstab und Schwert. Mit regelrecht bebendem Gesichtsausdruck ist er in die Anbetung des Herrn vertieft. Seine bronzene Grabplatte, die im Prinzip das Modell der Grabplatte für Lorenz von Bibra aus der Vischer-Werkstatt wiederholt, hängt in deren Nähe am östlichen Ende des Nordseitenschiffs.

Das künstlerisch hochbedeutende Thüngen-Epitaph fand wenige Jahre später eine spiegelverkehrte Nachahmung auf der gegenüberliegenden Seite im Nordquerarm in Form des Grabdenkmals für den nur vier Jahre regierenden Konrad III. von Bibra (1540–1544), bei dem Peter Dell d. Ä. die Qualität des Vorbilds aber nicht ganz erreicht. Die infolge des Zweiten Weltkrieges an ihrer Inschriftleiste fragmentierte Grabplatte hängt neben derjenigen seines Vorgängers im Nordseitenschiff. Statt einer Mitra trägt Konrad von Bibra hier nur ein Birett, weil er die Bischofsweihe niemals empfangen hatte.

Der Typus des vor dem Kreuz knienden Bischofs blieb auch für die Grabdenkmäler der beiden folgenden Fürstbischöfe verbindlich, die sich wieder im Mittelschiff an den Pfeilern gegenüber den Riemenschneider-Werken befinden. Von Peter Dell d. J. stammt das Grabdenkmal für Melchior Zobel von Giebelstadt (1544–1558). Er kam ums Leben, als sein Gegner Wilhelm von Grumbach versuchte, ihn gefangen zu nehmen und zu entführen. Das Geschehen am westlichen Ende der Alten Mainbrücke, der Ritt des angeschossenen Bischofs den Marienberg hinauf und sein Tod am Fuß der Burg sind als Simultanbild im Hauptfeld des Denkmals zu sehen. Davor kniet der Fürstbischof, Krummstab und Schwert unter den linken Arm geklemmt, unter dem Kruzifix, hinter sich die ebenfalls ermordeten Ritter Carl von Wenkheim und Jakob Fuchs von Wonfurt. Trotz seiner stattlichen Dimensionen dokumentiert das Werk einen gewissen Niedergang der Würzburger Bildhauerkunst während des 16. Jahrhunderts; weder der etwas grobschlächtige architektonische Aufbau noch insbesondere die blockhafte, nur unzureichend auf das Kreuz bezogene Gestalt des Bischofs können sich mit den feingeistigen Schöpfungen Riemenschneiders und auch Herings messen. Die Grabplatte des Melchior Zobel von Giebelstadt, heute die dritte von Osten im Südseitenschiff, befand sich ursprünglich auf dem Grab vor dem Monument am fünften Freipfeiler von Westen.

Die Beobachtung eines künstlerischen Qualitätsabfalls gilt erst recht für das östlich benachbarte Grabdenkmal des Fürstbischofs Friedrich von Wirsberg (1558–1573) von Wilhelm Sarder, dem Nachfolger Loy Herings in dessen Eichstätter Werkstatt. Die untersetzte Gestalt des Bischofs, begleitet von Hofkaplan und Marschall, kniet unter einem von Engeln flankierten Gnadenstuhl mit Gottvater, Christus am Kreuz und der Heiliggeisttaube im Gebälk. Hinter ihm ist der heilige Bartholomäus mit seinem Attribut, der abgezogenen Haut, regelrecht eingeklemmt. Etwas plumpe Kindergestalten mit fränkischem Rechen und Rennfähnlein flankieren das Amtswappen des Fürstbischofs im abschließenden Giebelfeld. Die Grabplatte, heute im Südseitenschiff aufgehängt, lag einst im Mittelschiff vor dem vierten Freipfeiler der Südseite, an dem auch das Grabdenkmal ehemals seinen Standort hatte.

An dem der Kanzel gegenüberstehenden Pfeiler, östlich neben Lorenz von Bibra, steht das dem Bamberger Bildhauer Nikolaus Lenkhart zugeschriebene Grabdenkmal Julius Echters von Mespelbrunn (1573–1617). Es kehrt nach rund hundert Jahren wieder zum traditionellen Darstellungstyp zurück und zeigt mithin den allein in einer Muschelnische stehenden Fürstbischof inmitten eines reichen architektonischen Aufbaus mit Inschrifttafel auf dem Sockel, Säulen und abschließendem gesprengtem Segmentbogengiebel. Auf diesem lagern zwei weibliche Tugendfiguren, dazwischen prangt das Wappen des Fürstbischofs. Als Gründer des Juliusspitals 1576 und der Würzburger Universität 1582 hat sich Julius Echter während seiner rund 44-jährigen Regierungszeit bleibende Verdienste erworben, historisch-politisch ist er vor allem als katholischer Reformer, aber auch konsequenter Gegenreformator in die Geschichte eingegangen. Die Bronzeplatte, die einst sein Grab am dritten Freipfeiler der Südseite unmittelbar vor dem früheren Standort des Grabdenkmals bedeckte, hängt heute im Südseitenschiff.

△ Grabdenkmal Fürstbischof Julius Echter von Mespelbrunn

AUSSTATTUNG

Das östlich benachbarte Grabdenkmal am letzten Freipfeiler der Nordseite für den bereits nach nur gut fünfjähriger Amtszeit verstorbenen Fürstbischof Johann Gottfried I. von Aschhausen (1617–1622) stammt von Michael Kern und schließt sich typologisch und stilistisch an das Echter-Denkmal an, wenn auch in dekorativ bereicherter Form. Auf den volutenförmigen Giebelstücken lagern als Sinnbilder für das Alte und das Neue Testament die allegorischen Figuren Synagoge mit zwei Gesetzestafeln und Ecclesia mit Buch und Kelch. Seit 1609 war Aschhausen bereits Fürstbischof von Bamberg und vereinigte damit erstmals die beiden Hochstifter in einer Hand.

Aschhausens Nachfolger Philipp Adolf von Ehrenberg (1623–1631) erhielt erst 1667/69 von Johann Philipp Preuß ein Grabdenkmal, das sich ursprünglich ebenfalls im Mittelschiff befand. Vielleicht hat man es wegen der etwas unrühmlichen Rolle des Widmungsträgers, während dessen Regierungszeit die Hexenprozesse im Hochstift Würzburg zwischen 1626 und 1630 ihren Höhepunkt erreichten, nach dem Zweiten Welt-

△ Grabdenkmal Fürstbischof Johann Gottfried I. von Aschhausen

△ Grabdenkmal Fürstbischof Adam Friedrich von Seinsheim, Detail

krieg etwas versteckt im Nordseitenschiff aufgestellt. Das rund sieben Meter hohe Werk aus grauem und schwarzem Marmor, 1945/46 leicht beschädigt, zeigt auf hohem Sockel in großem ädikulaartigem Säulenaufbau den Fürstbischof kniend vor einem Kreuz, umgeben von weinenden Putten.

In der Reihe der Grabdenkmäler für die Würzburger Fürstbischöfe tritt anschließend eine große Lücke ein. Christoph Franz von Hutten (1724–1729) erhielt erst 1883 aus der Hand von Carl Behrens ein Denkmal im südlichen Seitenschiff in schlichten Neorenaissanceformen mit einer Büste des Fürstbischofs und ausführlicher Inschrift. Sein Nachfolger Friedrich Karl von Schönborn-Buchheim (1729–1746) wurde in der Schönbornkapelle bestattet und dort mit einem Denkmal geehrt. Für Adam Friedrich von Seinsheim (1755–1779) schuf Johann Peter Wagner nach einem Entwurf des Hofmalers Johann Christoph Fesel aus hell- und dunkelgrauem Marmor und Alabaster ein elegantes Denkmal, das heute im südlichen Seitenschiff steht. Die hohe Sockelzone des rund vier Meter hohen Aufbaus zeigt in querformatigem Relief den alttestamentlichen Josef, wie er von erhöhtem Thronsitz aus Getreide an die Bevölkerung austeilt – Verweis auf Seinsheim als guten Haushälter und fürsorglichen Landesvater. Ein Quader darüber mit lateinischer Inschrift dient als Standfläche für den Sarkophag, der von den Personifikationen der christlichen Tugenden Glaube und Liebe flankiert wird. Darüber erhebt sich ein dreistufiger Aufbau mit einem Obelisken, vor dem der Fürstbischof seinem geöffneten Sarg entgegenschreitet, während die Tugend der Hoffnung den Verstorbenen nach oben auf die zu erwartende Gnade weist. Der verhalten pathetische Figurenstil und vor allem die architektonischen Details ordnen das Werk schon dem Frühklassizismus zu.

Die beiden letzten Bischöfe, die zugleich die Funktion weltlicher Fürsten im Hochstift ausübten, erhielten ihre Grabdenkmäler wiederum erst im 19. Jahrhundert. An Franz Lud-

wig von Erthal (1779–1795) erinnert seit 1826 eine Arbeit Andreas Clemens Eckardts im nördlichen Seitenschiff, in die die noch aus dem ausgehenden 18. Jahrhundert stammende Platte vom Eingeweidegrab in der Marienkirche auf der Festung eingearbeitet wurde. Den oberen Abschluss des strengen klassizistischen Aufbaus bildet eine Art Giebel, der von geflügelten trauernden Genien flankiert wird und in einer halbrunden Mittelnische eine lesende Frauengestalt mit den Insignien des Fürstbischofs zeigt. Obenauf steht eine vom Herzogshut bedeckte Urne.

△ Grabdenkmal Bischof Adam Friedrich Groß zu Trockau

AUSSTATTUNG

Der letzte Fürstbischof Georg Karl von Fechenbach (1795–1808) erhielt 1825 von Anton Nickel im südlichen Seitenschiff sein Denkmal. Es zeigt in schlichtem Rundbogenrahmen Büste und Wappen des Verstorbenen sowie zwei Inschriften. Georg Karl musste 1802 infolge der Säkularisation als Landesherr des Hochstifts Würzburg abtreten. 1805 übernahm er aber als 1800 gewählter Koadjutor den Bischofsstuhl von Bamberg, wo er 1808 starb und in der Domkirche beigesetzt wurde.

Alle weiteren Bischöfe des 19. Jahrhunderts sind wieder lückenlos mit Grabdenkmälern im Dom vertreten. Adam Friedrich Groß zu Trockau (1817/21–1840) erhielt im Südseitenschiff ein Monument von Andreas Halbig, das den stehenden Bischof segnend vor einer mit Dreipass geschlossenen flachen Nische zeigt. Die Formensprache schwankt zwischen spätem Klassizismus und frühem Historismus, schließt sich typologisch aber bewusst der vorreformatorischen Tradition im Würzburger Dom an, die auch im Denkmal des katholischen Reformers Julius Echter von Mespelbrunn wieder aufgegriffen worden war.

In ähnlicher Weise, wenn auch mit lockererem Standmotiv, hat Michael Arnold 1873 im Nordseitenschiff Georg Anton von Stahl (1840–1870) verewigt. Der säulengeschmückte Aufbau in antikisch-romanisierender Manier zeigt als Abschluss das Figurentrio Petrus und Paulus sowie mittig Maria. Weitgehend in neuromanischen Formen ist das östlich benachbarte Grabdenkmal für Johann Valentin von Reißmann (1870–1875) gehalten, 1880 von Carl Behrens geschaffen.

△ Grabdenkmal Bischof Ferdinand von Schlör

△ Grabdenkmal Bischof Josef Stangl

Charakteristisch für die drei letztgenannten Werke ist auch eine bis ins Detail gehende Wiedergabe der stofflichen Eigenheiten im Ornat der Dargestellten, deren penibler Realismus freilich ein wenig auf Kosten des inneren Ausdrucks geht.

Wie im 16. Jahrhundert mit Loy Herings Monument für Konrad II. von Thüngen, wich im ausgehenden 19. Jahrhundert Ludwig Sonnleitner mit seinem Gedenkstein für den 1909 als Erzbischof von München und Freising gestorbenen Franz Joseph von Stein (1878/79–1898) von der jahrzehntelangen Darstellungstradition ab. Die am östlichsten Freipfeiler der Nordseite zum Seitenschiff hin aufgehängte Tafel in neubarocken Formen zeigt im Hochoval die Büste des Bischofs im Dreiviertelprofil, flankiert von drallen Putten und den Wappen des Verstorbenen.

Zur Erinnerung an Ferdinand von Schlör (1898–1920/24) schuf Balthasar Schmitt 1926 am östlichsten Freipfeiler der Südseite zum Mittelschiff hin aus rotem Marmor ein Grabdenkmal. In schlichter Gestaltung zeigt es ohne ausgewiesenen Rahmen den stehenden Bischof frontal auf einer von Putten flankierten Inschrifttafel.

Dem im Neumünster bestatteten Matthias Ehrenfried (1924–1948) wurde 1978 eine von Otto Sonnleitner geschaffene Bronzetafel im nördlichen Seitenschiff gewidmet. Sie zeigt über einer Sockelzone mit Inschrift die Büste des Bischofs in erhabenem Relief mit Krummstab und zum Segensgestus erhobener Rechten. Er ist umgeben von seinem Wappen und Szenen aus der Passion Christi, beginnend oben links mit Christus vor Pilatus, sich im Uhrzeigersinn fortsetzend mit Kreuztragung, Simon von Cyrene als Helfer beim Tragen des Kreuzes, Entkleidung, Kreuzannagelung und Kreuzigung und gipfelnd in der Auferstehung. Das spröde, wie in Stein gemeißelt wirkende Denkmal ist ein schönes Beispiel für den meisterhaften Umgang Sonnleitners mit diesem anspruchsvollen Material.

Am übernächsten Pfeiler in östlicher Richtung folgt das Monument für Julius Kardinal Döpfner, der nach seiner Zeit als Bischof von Würzburg (1948–1957) zunächst als Bischof nach Berlin wechselte und dann seit 1961 als Erzbischof von München und Freising wirkte. Er starb 1976 in München; sein Grab befindet sich in der Kathedralkirche der bayerischen Landeshauptstadt. Hubert Elsässer schuf zwei Jahre später die aus Bronze gegossene Gedenktafel mit einem Bildnis des Geistlichen im Dreiviertelprofil im Tondo, an drei Seiten umrahmt von den Büsten des heiligen Kilian links, der Muttergottes oben und Liborius Wagners rechts. Eine schlichte Inschrift weist auf Namen, Lebensjahre und die drei Amtszeiten des bedeutenden Oberhirten hin, darunter sind die drei Amtswappen und sein Wahlspruch »Praedicamus Crucifixum« (»Wir verkündigen den Gekreuzigten«) zu sehen.

Am Pfeiler zwischen Ehrenfried und Döpfner hängt die große hochrechteckige Gedenktafel für Bischof Josef Stangl (1957–1979), als bislang letztes Monument für einen Würzburger Bischof 1981 von Max Walter wiederum aus Bronze geschaffen. Sie war ursprünglich als Platte für Stangls Grab in der Domkrypta vorgesehen. In stark reduzierter, nach unten hin zunehmend kubischer Formensprache zeigt sie die Figur des Verstorbenen mit Segensgestus. Auf den flankierenden breiten Rahmenleisten finden sich in lockerer Anordnung das Wappen, der Wahlspruch, Namen und Daten des Widmungsträgers.

WEITERE GRABPLATTEN UND GRABDENKMÄLER

Neben den Monumenten für die Fürstbischöfe und Bischöfe befinden sich zahlreiche weitere Grabplatten und -denkmäler überwiegend für Dignitäten des Domkapitels in der Kathedrale. Den zeitlichen Beginn machen im Nordseitenschiff zwei Bronzeplatten, die einst wie bei den Fürstbischöfen die Grüfte der Verstorbenen bedeckten: für Georg von Giech, 1494 bis zu seinem Tod

1501 Dompropst, und daneben für Albert von Bibra, als Nachfolger des Vorigen 1502 bis 1511 Dompropst. Albert war ein entfernter Verwandter des zeitgleich regierenden Fürstbischofs Lorenz von Bibra. Die Geistlichen sind, wohl einem vorgeschriebenen Schema folgend, mit Birett, Pelzalmutie (ein vorne offener Schulterkragen mit Quasten), Pluviale, gekreuzter Stola und Albe bekleidet und halten in der linken Hand einen Kelch, über den die Rechte zum Segensgestus erhoben ist. Die Holzmodelle für die Güsse dürften in einer Würzburger Werkstatt, wohl derjenigen Riemenschneiders, für Peter Vischer d. Ä. in Nürnberg angefertigt worden sein.

△ Grabplatte Peter von Aufseß

Rechts davon hängt eine weitere Grabplatte, deren ganzfigurige Darstellung ebenfalls der Zeit um 1500 und der Vischer-Werkstatt zugeordnet werden kann. Ihre Identität lässt sich jedoch nicht ermitteln. Die umgebende, von dem Straubinger Gießer Georg Schiller signierte Inschriftleiste wurde erst später wohl in der Art einer Zweitverwendung des Bildnisses hinzugefügt. Sie gilt Richard von der Kere (gest. 1583), seit 1562 Dompropst und ein wichtiger Mitstreiter der Fürstbischöfe Friedrich von Wirsberg und Julius Echter von Mespelbrunn bei der katholischen Reform des Hochstifts.

△ Grabdenkmal Bernhard von Solms-Lich

AUSSTATTUNG

Im Südseitenschiff hängen die Grabplatten für Peter von Aufseß, 1520 bis zum Tod 1522 Domdechant, sowie für Johann von Gutenberg zu Pfaffenreut, seit 1520 Generalvikar und seit 1522 Domdekan bis zu seinem Tod 1538, Werke wiederum der Vischer-Werkstatt.

Das steinerne Epitaph für Moritz von Hutten, seit 1536/40 Dompropst in Würzburg sowie 1539 bis 1552 Fürstbischof von Eichstätt, links neben dem Dechantaltar an der Stirnwand des Südquerarms, stammt von Martin Hering, allerdings mit Spuren einer Überarbeitung des 19. Jahrhunderts. Dem Vorbild des unweit benachbarten Epitaphs seines Vaters Loy Hering für Fürstbischof Konrad II. von Thüngen folgend, hat der Künstler den Verstorbenen kniend in einer Landschaft – mit den bischöflichen Insignien vor sich auf dem Boden – dargestellt. Im Gebet wendet er sich in der oberen Hälfte des flachen Reliefs einem Gnadenstuhl zu, der von zwei Engeln mit den Leidenswerkzeugen flankiert wird.

Eine weltliche Ausnahme von den üblicherweise Geistlichen vorbehaltenen Begräbnisstätten im Dom macht der im Juni 1554 im Alter von 21 Jahren in den Wirren des Markgräflerkrieges zwischen dem Hochstift Würzburg und Albrecht II. Alcibiades von Brandenburg-Kulmbach bei Gerolzhofen erschossene Bernhard von Solms-Lich. An seinem von Peter Dell d. J. geschaffenen Grabdenkmal mit einer fast vollrunden Ganzfigur des jugendlichen Ritters beeindruckt besonders die prachtvolle Wiedergabe des Wehrgehänges mit einer Darstellung der unbekleideten Diana auf der Scheide des Schwertes. Die schweren Beschädigungen des unteren Drittels, denen drei Wappen, ein Löwe und die Füße des Grafen zum Opfer gefallen sind, waren schon vor 1945 durch aufsteigende Feuchtigkeit entstanden.

Eine weitere Ausnahme macht der Jurist, kurmainzische Rat und Amtmann Sebastian Echter von Mespelbrunn. Julius Echter von Mespelbrunn setzte durch, dass seinem

△ Grabdenkmal Sebastian Echter von Mespelbrunn, Detail

AUSSTATTUNG

△ Grabdenkmal Johann Konrad Kottwitz von Aulenbach

schon 1575 im Alter von 29 Jahren verstorbenen Bruder, mit dem er als Student seine Grand Tour durch Europa gemacht hatte, im Langhaus am ersten Freipfeiler der Südseite ein Monument aus Alabaster und rotem Sandstein errichtet wurde. Der fein gegliederte, nach oben sich verjüngende Aufbau zeigt den Verstorbenen gleich zweimal: in der Sockelzone als hingestreckten, nur mit einem Lendenschurz bekleideten Leichnam sowie darüber auf einer Gesimsplatte als vollrund ausgearbeiteten Ritter mit auf der Hand abgestütztem Kopf in einem Schwebezustand zwischen Wachen und Träumen. In der langen elegischen Inschrift auf der hochrechteckigen Tafel dahinter klagt der Fürstbischof um seinen früh dahingeschiedenen Bruder. Zwei flankierende Figuren – Caritas und Prudentia – sowie an der Spitze über dem Wappen des Verstorbenen Iustitia verweisen auf die dem Verstorbenen zugewiesenen Tugenden. Schöpfer dieses hochqualitätvollen, wenngleich aus dem Rahmen der lokalen Grabmalsplastik herausfallenden Werkes war 1577/78 der flämische Bildhauer Peter Osten aus Ypern, Neffe von Joris Robijn, den Julius Echter als Baumeister für das von ihm gestiftete Spital verpflichtet hatte.

Das kleine Epitaph für den 1594 verstorbenen Domdechant Erasmus Neustetter genannt Stürmer von Erhard Barg aus Schwäbisch Hall, wohl nach einem Entwurf des ebendort ansässigen Sem Schlör, befindet sich heute im Nordseitenschiff. Vor einer dreitürmigen Architekturkulisse mit wehrhafter Mauer, die vielleicht das Kloster Comburg darstellen soll, wo Neustetter schon seit 1545 als Stiftsherr wirkte, kniet der Geistliche unter dem verlorengegangenen Kruzifix. Auch die Inschrifttafel unter dem Hauptfeld ist zerstört. Etwa gegenüber, an der Außenwand des Südseitenschiffs, hängt Neustetters prächtige Bronzegrabplatte mit reich beschlagener Rahmenleiste.

Neidhardt von Thüngen (gest. 1598), 1583 bis 1591 Dompropst und anschließend Fürstbischof von Bamberg, wurde an der Ostseite des Südquerarms über der späteren Tür zur Ornatkammer ein farbig gefasstes Epitaph vermutlich aus der Hand Hans Junckers gesetzt. Es zeigt den vor dem Kruzifix knienden Verstorbenen in einer als halbrund angedeuteten Nische mit muschelförmiger Kalotte. Pendantartig oberhalb der Tür zur Sakristei im Nordquerarm hängt das annähernd spiegelbildlich gestaltete Grabdenkmal für Domdekan Johann Konrad Kottwitz von Aulenbach (gest. 1610). Über dem Hauptfeld mit dem vor einem Kruzifix knienden Verstorbenen ist die Dreifaltigkeit dargestellt. Als Bildhauer kommt der zeitweise in Würzburg ansässige Zacharias Juncker d. Ä. aus Walldürn infrage, Bruder des Hans Juncker. Die recht schlichte Grabplatte, die außer den vier großelterlichen Wappen und einer Inschrift eine ganzfigurige Darstellung des Verstorbenen mit einem großen Folianten zeigt, hängt heute im Südseitenschiff.

Am westlichen Ende des Südseitenschiffs ist das Epitaph für Konrad Friedrich von Thüngen angebracht, von 1618 bis zu seinem Tod 1629 Dompropst. Ein steinerner Rahmen mit korinthischen Pilastern von Balthasar Grohe in Spätrenaissanceformen umgibt eine in Nürnberg gegossene Bronzeplatte mit ganzfiguriger Darstellung des Geistlichen sowie Wappen und Inschrift.

Der zweite Freipfeiler auf der Südseite trägt zum Seitenschiff hin das frühbarocke Bronzeepitaph für Veit Gottfried von Wernau (gest. 1649), seit 1627 Dechant am Kiliansdom, mit Wappen und Inschrifttafel. Auch der schlichte hochrechteckige Grabstein darunter weist auf den Verstorbenen und seine geistlichen Würden unter anderem am Stift Haug und am Ritterstift St. Burkard hin.

Die Grabplatte für Johann Philipp Echter von Mespelbrunn befindet sich am zweiten Freipfeiler der Nordseite. Mit dem 1665 im Alter von nur 18 Jahren Verstorbenen erlosch das Geschlecht in männlicher Linie. Daher ist das Wappen mit den drei Ringen im Diagonalbalken über der Inschrift gestürzt, mit der üppigen Helmzier nach unten, dargestellt.

Franz Ludwig Faust von Stromberg (gest. 1673), seit 1651 Dompropst, erhielt sein Grabdenkmal 1681 von Johann Philipp Preuß an der Westwand des Nordquerarms. In kraftvollem hochbarockem Rahmen mit hochovalem Lorbeerkranz ist der Verstorbene als le-

bensvolle Halbfigur in priesterlicher Gewandung und mit einem Kelch dargestellt.

Aus der Gießerei von Vater und Sohn Sebald und Ignaz Kopp am Würzburger Schottenanger, in die später Balthasar Neumann als Geselle eintreten sollte, stammt das bronzene Grabdenkmal für Franz Christoph von Rosenbach, Domdekan von 1673 bis zu seinem Ableben 1687, im nördlichen Seitenschiff. In üppigem Rahmen mit hoher Sockelzone und wappengeschmücktem Giebel befindet sich eine

△ Grabdenkmal Franz Ludwig Faust von Stromberg

ausführliche Inschrifttafel. Die flankierenden Figuren stellen die Heiligen Franz von Assisi und Franz Xaver dar. Das Grabmal wurde zehn Jahre nach dem Tod Rosenbachs nach einem Entwurf des Würzburger Schreinermeisters Sebastian Betz angefertigt.

Schon 1704/05 im Zuge der barocken Ausgestaltung des Domes schuf Giovanni Pietro Magno für den erst zwölf Jahre später verstorbenen Georg Heinrich von Stadion, Domdekan seit 1687, an der Westseite des Südquerarms ein prachtvolles und zugleich spielerisch anmutendes Epitaph aus weißem Stuck und schwarzem Stuckmarmor. Das gemalte Portrait des Geistlichen in hochovalem Mittelfeld – eine Kopie des kriegszerstörten Vorgängerbildes von Otto Mayer aus dem Jahr 1967 – wird von zwei Putten präsentiert, vier weitere Putten mit nach unten gerichteten Fackeln und Tüchern tummeln sich im wappengeschmückten Rahmen.

Für Johann Philipp Fuchs von Dornheim, von 1719 bis zu seinem Tod 1727 Dompropst, hängt an der Nordwand des Nordseitenschiffs ein Bronzeepitaph, das in schwungvollem Rahmen mit Wappenreihe, trauernden Putten und Emblemen des Todes wie Totenkopf, Fledermausflügeln und Sanduhr eine ausführliche Inschrift zeigt.

Am dritten Freipfeiler im Südseitenschiff befindet sich das bronzene Epitaph für Domdekan Johann Veit von Würtzburg (gest. 1756). Die virtuose Rokokoarbeit mit

△ Grabdenkmal Johann Veit von Würtzburg

△ Grabdenkmal Johann Philipp Ludwig Ignaz von Frankenstein

Wappen, Totenköpfen, trauernden Putten und Inschrift ist von dem Schlossermeister Andreas Schneider signiert, der allerdings wohl nur als Ausführender eines Entwurfs vielleicht von Johann Wolfgang van der Auwera fungierte.

Lediglich gemalt ist das Epitaph des 1779 verstorbenen Vikars Johann Georg Weckmann im Südseitenschiff. Die spätbarocke Leinwand eines unbekannten Künstlers zeigt die Kreuzigung Christi mit den beiden Schächern sowie Maria, Johannes und Maria Magdalena, dazu eine kurze Aufschrift mit Namen, Funktion und Todesdatum Weckmanns.

Johann Philipp Ludwig Ignaz von Frankenstein, Würzburger Dompropst von 1757 bis zu seinem Tod 1780 sowie Präsident des würzburgischen Oberen Rats und kaiserlicher Geheimer Rat, wurde im nördlichen Seitenschiff ein Epitaph aus hellgrauem und schwarzem Marmor gesetzt. Auf hoher Sockelzone mit langer Inschrift steht die Büste des Verstorbenen, die etwas verwundert über die rechte Schulter emporschaut, da ein alter bärtiger Mann mit Flügeln – wohl Chronos, Personifikation der Zeit – sie mit einem Tuch zu verhüllen im Begriff ist. Auf der gegenüberliegenden Seite steht eine große Urne mit einem flachen Relief, das die leibliche Auferstehung des Toten am Ende der Zeit verbildlicht. Darüber wächst in S-förmigem Schwung die Wappenreihe der urgroßelterlichen Ahnen aus der Urne hervor bis zum Amtswappen des Widmungsträgers am oberen Ende einer abgebrochenen Säule. Das originelle Werk in Geist und Stil des frühen Klassizismus stammt von dem Bamberger Bildhauer Franz Martin Mutschele.

HAUPT- UND QUERHAUSORGEL

Die Hauptorgel des Domes wurde 1968 von der Bonner Firma Klais gebaut. Erst nach langem Ringen hatte man sich dazu entschlossen, das Instrument nicht mehr, wie es bis zur Zerstörung 1945 der Fall war, hauptsächlich im Querhaus unterzubringen, sondern trotz der Größe des Raumes und des damit verbundenen langen Nachhalls am Westende des Mittelschiffs zu platzieren. 2012 wurde sie überholt. Das Werk verfügt über 87 Register auf fünf Manualen und zählt 6.654 Pfeifen. Seine klangliche Ästhetik basiert auf dem Versuch, verschiedene Stile des europäischen Orgelbaus mit eigenen, neuen Ideen zu einem insgesamt zeitgenössischen Stil zu verbinden. Einflüsse aus dem deutschen Barock sind darin ebenso integriert wie Register französischer und spanischer Bauart und ganz neue, einzigartige Registermischungen, die der Orgel eine außergewöhnliche Palette an Klangfarben verleihen und ein stilistisch vielseitiges Spielen ermöglichen. Akustisch wie optisch besonders prägnant sind die spanischen Trompeten, die horizontal aus dem Prospekt in den Raum vorstoßen. Ebenfalls 1968 baute Klais die Querhausorgel an der Westwand des südlichen Querarms über der Arkade zum Seitenschiff, auch sie wurde 2012 renoviert. Sie weist 23 Register und 1.398 Pfeifen auf. Beide Instrumente können jeweils vom Spieltisch der Querhausorgel oder der Hauptorgel aus bedient werden.

GLOCKEN

Die einzige aus dem Mittelalter erhaltene Glocke des Domes ist die sogenannte Lobdeburg- oder Stundenschlagglocke. Sie hing ursprünglich im südlichen Westturm als obere und größere Glocke des Uhrwerks. Bereits 1933/34 aus dem Geläute herausgenommen, überstand sie den Zweiten Weltkrieg unbeschädigt. Sie ist in Bronze gegossen und tönt in »Fis«. Ihre Umschrift besagt, dass sie 1257 durch das Domkapitel unter dem Kustos Otto von Lobdeburg angefertigt wurde. Sie hat einen Durchmesser von 1,27 m, eine Höhe von 1,70 m und wiegt 1.386 kg.

Ansonsten ist das ältere Geläute des Domes im Zweiten Weltkrieg untergegangen. Die elf neuen Glocken wurden 1965 von

Friedrich Wilhelm Schilling in Heidelberg als das deutschlandweit größte zusammenhängende Geläut der Nachkriegszeit gegossen. Die Verzierungen stammen vom Bildhauer Albert Schilling. 2008 kamen acht Zimbelglocken aus der Gießerei Rudolf Perner in Passau hinzu. Insgesamt haben die nunmehr zwanzig auf die beiden Westtürme verteilten Glocken ein Gewicht von rund 26 t, wovon neun Tonnen allein auf die größte entfallen, die Salvatorglocke mit einem Durchmesser von 2,30 m und einer Höhe von 2,40 m. Seit 2000 können vierzig verschiedene Läutmelodien computergesteuert zu verschiedenen liturgischen Anlässen gespielt werden.

△ Hauptorgel

KRYPTA UND ANBAUTEN

KRYPTA

Die heutige Gestalt der Krypta ist nur aus der wechselvollen Baugeschichte des Domes heraus zu verstehen. Der unter dem Chor gelegene Raumteil geht noch auf die Zeit Bischof Brunos gegen Mitte des 11. Jahrhunderts zurück. Die etwas tiefer gelegene und mit einem eigenen architektonischen System versehene Vierungskrypta, bei der die Säulen ursprünglich mit stämmigen Pfeilern aus sauber versetzten Großquadern verbunden waren, ist etwas später nach dem wohl aufgrund von Brunos Tod 1045 eingetretenen Planwechsel entstanden. 1700/01 wurde die Vierungskrypta infolge der Absenkung des darüber gelegenen Bodens bis auf einen schmalen Stollen als Zugang zum Brunnen verschüttet. 1749/50 ereilte die Chorkrypta das gleiche Schicksal einer Absenkung,

▽ Chorkrypta nach Nordwesten mit Tumba Bischof Bruno

Von der ursprünglichen Raumgestalt des 11. Jahrhunderts sind folglich außer den horizontalen Raumgrenzen nur Reste erhalten: an den verputzten Wänden der Chorkrypta Teile der Säulenbasen und die farblich alternierenden Ostwände der Seitenschiffe, in der Vierungskrypta Teile der Außenpfeiler mit Resten der Säulen einschließlich einiger Kapitelle sowie zwei der vier Freisäulen in der Mitte des Raumes. Aus dem Mittelalter stammen ferner die beiden Brunnen, die allerdings keine liturgische Funktion gehabt haben dürften. Im Mittelschiff der Chorkrypta befindet sich seit der Wiedereröffnung des Domes 1967 neuerlich die schlichte Tumba aus dem Jahr 1257 über dem mutmaßlichen Grab des Bischofs Bruno; sie war in der Barockzeit in die Mensa des rechten Chorbogenaltars, des Brunoaltars, eingebaut. An die wahrscheinliche frühere Funktion der einst mit Wandvorlagen und feinem Quadermauerwerk geschmückten Apsiskrypta als Aufbewahrungsort der Kiliansreliquien erinnert heute nichts mehr. Von den Zugängen aus den Querarmen hinab wurde der südliche nach 1945 in seiner annähernd ursprünglichen Form wiederhergestellt, bei der vom säulengeschmückten und kreuzgratgewölbten Podest im Erdgeschoss des Winkelbaus aus die Treppe nach Norden in die Chorkrypta abknickt. Der gegenüberliegende Abgang führt dagegen geradeaus in den nördlichen Nebenraum weiter.

wobei die heutigen schlichten Vierkantpfeiler errichtet und die Kreuzgratgewölbe eingezogen wurden. Damals entstanden auch die von hier aus zugänglichen Seitenräume unterhalb der von Balthasar Neumann erbauten Sakristei und Ornatkammer. Nach Freilegung der Vierungskrypta 1962/63 wurde dieser Raum in seinen mittelalterlichen Umrissen erhalten, wobei die heutige rasterförmige Betondecke die Struktur der ehemaligen Gewölbe andeutet; auf die Wiederherstellung der schachtartigen Seitenräume verzichtete man freilich schon aus praktischen Gründen.

△ **Krypta, Christuskreuz**

Die Krypta dient heute unter anderem als liturgischer Raum für kleinere Gottesdienstfeiern und birgt eine Reihe von Kunstwerken aus jüngerer Zeit. So stehen in der Apsis ein blockhafter Sandsteinaltar von Helmut Weber aus dem Jahr 1966 und ein 1995 datiertes Bronzekruzifix von Heinrich Gerhard Bücker. Die Durchgänge von der Chor- zur Vierungskrypta werden von Kalksteinstelen mit kleinen silbernen Reliquienschreinen versperrt, die 1991 von Julius Schädel nach Entwürfen Jürgen Lenssens hergestellt wurden: südlich für die selige Immina, die der legendarischen Überlieferung gemäß bei der Gründung des Bistums Würzburg eine Rolle gespielt hat und

deren sterbliche Überreste 1248 in den Hochchor übertragen wurden, nördlich für ungenannte Heilige. Den Ort des Bruno-Grabes akzentuiert ein Radleuchter Max Walters aus dem Jahr 1989. In der nordöstlichen Raumnische, durch die ursprünglich die Treppe vom Winkelbau aus hinabführte, steht eine »Die Krone« betitelte Holzskulptur von Friedrich Press, dessen Nachlass das benachbarte Museum am Dom verwaltet. An den Ostwänden der Chorkrypta ebenso wie in den Nebenräumen sind mehrere stark fragmentierte Grabplatten angebracht, die nach 1945 – als Baumaterial verwendet – an verschiedenen Stellen im Dom zum Vorschein kamen oder früher in der Sepultur lagen. Die älteste im nördlichen Raum gilt einem gewissen Adalbertus aus dem 12. Jahrhundert.

In der westlichen Nische der Vierungskrypta hat seit der letzten Renovierung 2011/12 ein steinernes Kruzifix seinen Platz gefunden, das 1962/63 bei den Ausgrabungsarbeiten – in einer Zwischenmauer steckend – zum Vorschein gekommen war. Die schlichte Arbeit mit gleichwohl ausdrucksvollem Christuskopf im Kreuzungspunkt der Balken dürfte spätestens um die erste Jahrtausendwende entstanden sein und gilt

△ **Krypta, Reliquiar des seligen Liborius Wagner, Detail**

△ Krypta, Bronzerelief »Notre Dame de la Trinité«

Umgestaltung im Dom um 1500. Zur Ausstattung gehören ferner ein Kruzifix Ernst Singers von 1992, ein 1968 von Max Walters geschaffener Leuchter und vor dem Mittelpfeiler das Bronzerelief »Notre Dame de la Trinité« Albert Schillings aus dem Jahr 1957, das 2011 durch Ankauf aus dem Schweizer Kunsthandel in den Dom gelangte.

Im südlichen Nebenraum steht ein Altar aus grünem Sandstein von 1957 für Gottesdienste in kleinem Personenkreis zur Verfügung. Die schlichte Tumba an der Südseite erinnert an Konrad von Querfurt, der ab 1198 Würzburger Bischof war und 1202 am Bruderhof einem Mordanschlag zum Opfer fiel. Außerdem haben hier ein Schmerzensmann Friedrich Press' von 1970, ein 2012 geschaffenes Kreuz von Thomas Lange sowie Reliquiare der Würzburger Märtyrerpriester Liborius Wagner und Georg Häfner von Michael und Fides Amberg aus den Jahren 1978 und 2012 ihren Ort gefunden; der 1942 im Konzentrationslager Dachau ums Leben gekommene Häfner, zuletzt Pfarrer von Oberschwarzach, wurde 2011 im Würzburger Dom seliggesprochen. 2019 kamen ein Reliquiar und eine Ikone des hl. Aquilin, Geschenke der Pfarrei San Lorenzo Maggiore in Mailand, hinzu. Gemäß hagiographischer Quellen stammte Aquilin aus Würzburg und wurde um das Jahr 1018 in Mailand von Häretikern ermordet. Der 15teilige Kreuzweg ist ein Werk von Karl Clobes aus dem Jahr 1978. Die Gestaltung der Fenster in der Krypta von 1967 geht ebenfalls auf ihn zurück.

damit als die älteste in Würzburg erhaltene Skulptur. In den übrigen Nischen stehen seit 2012 Steinsarkophage als Grablegen künftiger Bischöfe. Der Stahlaltar in der Mitte des Raumes wurde 2012 nach Entwurf Lenssens angefertigt, ebenso das Kreuz auf einer spätromanischen Säule im südlichen Nebenraum und die zwei Metallsäulen mit Reliquien der Heiligen Bonifatius und Burkard. Die wohl italienische Madonna im nördlichen Annex datiert ins 16. Jahrhundert.

Im Nebenraum unter der Sakristei haben die jüngst verstorbenen Bischöfe des Bistums ihre letzte Ruhe gefunden: 1979 Josef Stangl und 2019 Paul-Werner Scheele. An der Wand über diesen und weiteren Grablegen für künftige Bischöfe thematisieren drei Gemälde von Jacques Gassmann aus dem Jahr 2012 die Auferstehung. Ein runder Schlussstein an der Westwand mit der Darstellung des heiligen Kilian war Teil der spätgotischen

Die lebensgroße Christus-Salvator-Statue im südlichen Abgang zur Krypta ist möglicherweise der letzte erhaltene Rest des ehemaligen Hochaltars in der Würzburger Universitätskirche von Jan Robijn aus den 1580er Jahren. Die offenbar sehr qualitätvolle Ausstattung jener Kirche ging bereits 1626 bei einem Teileinsturz des Gewölbes zugrunde. Die später bis in die 1960er Jahre in einer Nische an der östlichen Außenwand der Sepultur aufgestellte Sandsteinfigur könnte jedoch durch ihre Platzierung in der gewölbten Apsis vor den Trümmern geschützt gewesen sein.

SCHÖNBORNKAPELLE

An der Nordseite des Querhauses schließt die 1719 bis 1736 anstelle eines Vorgängerbaus, der Crispinikapelle, errichtete Schönbornkapelle an. Schon 1718 als Dompropst trug sich Johann Philipp Franz von Schönborn mit dem Gedanken, für sich und die geistlichen Fürsten seiner Familie, die damals zu den mächtigsten innerhalb der Reichskirche gehörte, eine Totenkapelle zu errichten. Das Domkapitel lehnte dieses Ansinnen zunächst noch ab, doch nach seiner Wahl zum Fürstbischof ein Jahr später konnte Johann Philipp Franz sein Ziel forcieren. Über die genaue Entstehung der Pläne herrscht bis heute Uneinigkeit. Es wird vor allem die Frage diskutiert, ob vornehmlich der damals etwa 32-jährige Balthasar Neumann für die Gestaltung des Baus verantwortlich zeichnete oder dem älteren und erfahreneren Mainzer Oberbaudirektor Maximilian von Welsch sowie dem in Wien tätigen Johann Lucas von Hildebrandt jeweils ein größerer Anteil an der künstlerischen Urheberschaft zugesprochen werden muss. 1721 konnte die Ausführung beginnen. Beim überraschenden Tod des Fürstbischofs 1724 war nur der Rohbau vollendet. Die Arbeiten wurden erst unter Friedrich Karl von Schönborn, dem Bruder und Nachnachfolger des Johann Philipp Franz, unmittelbar nach seiner Wahl 1729 wieder aufgenommen und 1736 beendet.

Die Schönbornkapelle erhebt sich in der Breite des Querschiffs über querrechteckigem Grundriss mit abgerundeten Kanten, der nur an der Nordseite mittig leicht zu einer T-Form erweitert ist. Darin einbeschrieben ist im Zentrum ein Kreis, der westlich und östlich mit ovaloiden Annexen zu einer dreigliedrigen Anlage verschmilzt. Am Außenbau, der mit Sandstein verkleidet ist, lässt sich die innere Organisation des Raumes erahnen: Über dem Hauptbau wölbt sich eine Kuppel mit kurzem Tambour und abschließender Laterne. Die Fassaden sind eingeschossig: Über hohem Sockel erhebt sich die durch Pilaster mit korinthischen Kapitellen

gegliederte Hauptzone, in deren schmalen Wandflächen große Rundbogenfenster mit segmentbogigen Verdachungen sitzen. Der risalitartig vorgestufte Fassadenabschnitt im Norden wird von gedoppelten Halbsäulen flankiert und birgt das Portal samt kreisförmigem Oberlicht. Den Abschluss des Mauerwerks bilden ein über den Halbsäulen und Pilastern verkröpftes Gebälk und eine hohe Attikazone, die den Ansatz der Mittelkuppel

△ Schönbornkapelle, Außenansicht

△ Schönbornkapelle, Gitter am Eingang vom Querschiff aus, Schlosskasten

und die Dächer der Seitenräume verbirgt sowie über den Fenstern der Hauptzone zusätzlich querovale Öffnungen zur Belichtung des Innenraumes enthält. Über dem Portalabschnitt ist der Attika ein Dreiecksgiebel einbeschrieben. Bei aller architektonischen Prachtentfaltung offenbart sich freilich die Funktion des Baus: Totenköpfe mit Fledermausflügeln unter den Rundbogenöffnungen, trauernde Putten auf den Fensterverdachungen, schonungslos realistische, durch lange wallende Gewänder mehr ent- als verhüllte Skelette auf den geschwungenen Giebelstücken des Portals sowie Urnen unter anderem auf dem Gesims der Attika verweisen unübersehbar auf den Mausoleumscharakter der Schönbornkapelle. Die Giebelfläche füllt das von aufrecht stehenden Löwen gehaltene Wappen der Schönborn – ebenfalls ein Löwe, der auf drei weißen Spitzen schreitet – mit dem Herzogshut aus, auf den Giebelschrägen lagern die Tugendgestalten von Hoffnung und Liebe. Der Figurenschmuck stammt im Wesentlichen von dem gebürtigen Franzosen und in Würzburg als Hofbildhauer angestellten Claude Curé. Das Außenportal der Schönbornkapelle ist durch hohe, mit Schnitzereien geschmückte Holztüren des Kunstschreiners und Zierratenschnitzers Ferdinand Hundt verschlossen, in die im oberen Teil Fenster mit schmiedeeisernen Gittern aus C-Bögen, S-Kurven, Rankenwerk und Kaiserkrone von Johann Georg Oegg eingefügt sind.

Betreten wird die Schönbornkapelle heute in der Regel vom Inneren des Querschiffs her durch zwei hohe rechteckige Portale seitlich des Propstaltars. Ihre reich profilierten Marmorgewände schließen zwei große hochovale Oberlichter sowie zwischen den beiden Öffnungen jeweils ein vergoldetes Wappen des zweiten Bauherrn ein. Die prachtvollen Gitter, deren mittig angebrachte Schlosskästen mit dem vergoldeten Schönbornlöwen geziert sind, gehören zu Oeggs ersten Werken in Würzburg nach seiner Übersiedlung aus Wien 1733.

Beim Eintritt beeindruckt die Schönbornkapelle unmittelbar durch ihre prachtvolle und erlesene Ausgestaltung mit Marmor. Die Großartigkeit des Raumes liegt jedoch schon in seiner architektonischen Durchbildung begründet, bei deren Entwicklung wohl wesentlich Neumann die Feder führte. Bestimmend ist zwar die Mittelrotunde, die Anräume sind ihr jedoch nicht unterworfen, sondern eng mit ihr verbunden. In der horizontalen Aufteilung mit hohem Sockel, Hauptzone, kraftvollem Gebälk und Wölbbereich dem Konzept des Außenbaus folgend, sind die Wandflächen auch im Inneren mit Pilastern instrumentiert, die sich in den Diagonalachsen des Mittelraumes verzweifachen und an der Südseite als den dort platzierten Hauptaltar flankierendes Element sogar verdreifachen. Ebenfalls wie außen am Mittelteil der Nordseite sind den Doppelpilastern Doppelsäulen vorgelegt, allerdings als vollrunde Körper frei in den Raum gestellt. Das hohe, über den

Säulen ins Rauminnere einspringende Gebälk fasst den Raum wie ein mächtiger Gurt zusammen und ist nur über der wie ein riesiges Altarblatt behandelten Südwand halbrund aufgebogen. Auf ihm ruhen die Wölbungen: im Mittelteil Pendentifs, die jedoch – um der Kuppel die notwendige kreisrunde Auflage zu garantieren – senkrecht verlaufen, so dass sich die zwischen den Säulenpaaren verlaufenden Bögen sphärisch nach außen krümmen. Über einem weiteren Gebälk ruht sodann die leicht gestelzte und gestreckte Halbkugel mit der mittig aufragenden Laterne. Die Wölbungen über den elliptischen Seitenräumen mit schachtartigen Stichkappen sind gegen den Mittelraum hin entsprechend den gebogenen Gurten angeschnitten.

Die architektonische Qualität der Schönbornkapelle erschließt sich besonders vor dem Hintergrund der keineswegs gewaltigen Dimensionen – ihre äußere Breite in West-Ost-Richtung liegt bei etwas über 18,50 m, die innere bei gut 16 m, die innere Grund-

△ Schönbornkapelle, Innenansicht

fläche beträgt nur annähernd 100 qm – und des prinzipiell einfachen Grundrisses in Form eines lediglich leicht T-förmig erweiterten Querrechtecks. Umso eindrucksvoller ist die Raffinesse, mit der Neumann diesem schlichten Plan einen dynamischen, geradezu aus einer Fülle von Kurven und Bögen zusammengesetzten Raum einbeschreibt, aber zugleich die Monumentalität, mit der dieser Raum architektonisch ausgestaltet wird. Hinzu kommt die konsequente Anwendung von Proportionen und Instrumentation an Außenbau wie Innenraum, die somit als formale Einheit verstanden werden. Es verwundert nicht, dass Neumanns Entwurf zur Schönbornkapelle als seinem ersten bedeutenderen Bauprojekt und damit gewissermaßen als Probe für ein weitaus größeres Vorhaben der Schönborn – die Residenz – die Anerkennung nicht versagt blieb, und es entscheidet sich damit auch die Frage nach seinem künstlerischen Anteil an der Planung der Schönbornkapelle mehr oder weniger von selbst.

Für die dunkelgraue Wandverkleidung ebenso wie für die leicht rötlich getönten Säulen und Pilaster fand Lahnmarmor Verwendung. Gebälke und Bögen hingegen sind aus Stuckmarmor gefertigt. Basen und Kapitelle, die Volutenspangen am Gesims und die im Fries in Achse der Stützen angebrachten Totenköpfe über gekreuzten Knochen sind vergoldet, ebenso das gewaltige Wappen Friedrich Karls von Schönborn im Bogenscheitel über der Südseite und die zarten Régencestuckaturen in den Pendentifs der Kuppel, für die 1733 der frisch nach Würzburg berufene Antonio Bossi verantwortlich zeichnete.

Die Ausmalung lag 1732 bis 1734 in den Händen des gebürtigen Schweizers Johann Rudolf Byß, der über Arbeiten für Kurfürst Lothar Franz von Schönborn im Schloss Weißenstein zu Pommersfelden schließlich in die Dienste des Würzburger Fürstbischofs trat. Das von dem über Siebzigjährigen ganz allein geschaffene Fresko in der Hauptkuppel zeigt das Jüngste Gericht, während sich in den Gewölben der Seitenräume auf dem Gebälk ein Totentanz abspielt. Für das Fresko in der Wandfläche über dem Hauptaltar an der Südseite mit der Auferstehung Christi bediente sich Byß der Hilfe seiner Schüler Johann Thalhofer und Anton Joseph Högler.

Der Hauptaltar unter dem Auferstehungsbild beschränkt sich auf eine breite, mit vergoldetem Rankenwerk und Voluten geschmückte Mensa mit sechs Leuchtern und Kruzifix. Die beiden Seitenaltäre an den Enden der Querachse sind mit Skulpturen auf prachtvollen Sockeln geschmückt: im Osten eine Pietà, gegenüber in voller Höhe des Rundbogenfensters ein Kruzifix mit Maria Magdalena und Putto. Die vor allem dekorativ erscheinenden Konsolwandgrabmäler in den Diagonalachsen der Seitenräume gelten vier geistlichen Fürsten der Familie von Schönborn: im Südwesten Lothar Franz von Schönborn, Fürstbischof von Bamberg und Kurfürsterzbischof von Mainz sowie Onkel und wichtiger Berater der beiden Brüder, die die Schönbornkapelle haben errichten lassen, nicht zuletzt in künstlerischen Fragen; im Nordwesten Johann Philipp Franz von Schönborn; im Nordosten Friedrich Karl von Schönborn; im Südosten schließlich als Großonkel und Amtsvorgänger der beiden Brüder Johann Philipp von Schönborn (1642–1673), Kurfürsterzbischof von Mainz sowie Fürstbischof von Würzburg und Worms und als solcher der eigentliche Begründer der Schönbornschen Hausmacht. Alle Skulpturen stammen von Curé aus den Jahren 1733/35.

Bestattet wurde in der unter der Kapelle gelegenen Gruft allerdings nur Friedrich Karl von Schönborn. Ihre letzte Ruhestätte fand hier außerdem Theodolinde Charlotte Luise (1816–1817), Tochter des späteren Königs Ludwig I. von Bayern, der zu ihrem Todeszeitpunkt als Kronprinz in Würzburg weilte.

Die Schönbornkapelle darf heute auch deswegen als kunstgeschichtliches Juwel in Würzburg bezeichnet werden, weil sie weitgehend unbeschädigt die Zeit überdauert hat. 1945 wurden zwar die äußere Kuppel

und die Laterne beschädigt, auch haben die Fresken Byß' durch Wassereindrang stark gelitten und ihre Leuchtkraft verloren, ansonsten blieb der Raum jedoch unversehrt. Da er auch nie einer umfassenden Restaurierung unterzogen wurde, hat er im Lauf von rund dreihundert Jahren eine fast charmant zu nennende Patina angesetzt.

△ Schönbornkapelle, westlicher Seitenaltar, Detail

△ Schönbornkapelle, Epitaph Fürstbischof Johann Philipp Franz von Schönborn

KREUZGANG

An das südliche Seitenschiff schließt sich der Kreuzgang an. Darauf, dass ursprünglich beim Bau des Querhauses noch kein Kreuzgang vorgesehen war, weisen der heute noch sichtbare Außensockel am Querarm sowie das ehemalige Portal in dessen Westwand hin, das mit seiner Höhe von mehr als vier Metern einen romanischen Kreuzgang überragt hätte. Erst beim Bau des Langhauses scheint man sich zur Errichtung eines Anbaus entschlossen zu haben, denn anders als beim nördlichen Pendant finden sich in der unteren Zone des Südseitenschiffs keine Wandvorlagen, die von außen sichtbar gewesen wären. Spuren des mithin wohl schon im späten 11. oder spätestens bis gegen die Mitte des 12. Jahrhunderts errichteten Kreuzgangs haben sich kaum erhalten, lediglich die Mauer zwischen Ostflügel und Sepultur stammt noch aus romanischer Zeit.

Von etwa 1423 bis 1455 wurde der Kreuzgang im spätgotischen Stil vermutlich auf den alten Grundmauern neu errichtet. Man begann damit an der Nordwestecke. Der Westflügel trägt in einem seiner Schlusssteine das Wappen des 1423 verstorbenen Domherrn Theoderich Zobel von Giebelstadt. 1424 nahm das Domstift Meister Wolfram von Königsberg für zehn Jahre als Werkmeister an und beauftragte ihn mit der weiteren Ausführung. In dieser Zeit wurden bis spätestens 1431 der Westflügel, etwa parallel 1425 bis 1428 der Nord- und anschließend der Südflügel errichtet. Der Ostflügel kam erst in den späten 1440er Jahren bis etwa 1453 hinzu, wohl infolge der Wirren, in die Fürstbischof und Domkapitel während der Regierungszeiten von Johann II. von Brunn und Sigismund von Sachsen (1440–1443) verwickelt waren.

Der Kreuzgang umschließt einen Innenhof von etwa 40 m mal 27,50 m und wirkt trotz der verhältnismäßig langen Bauzeit einheitlich. Jeweils inklusive der Eckjoche zählen Süd- und Nordflügel 13 sowie West- und Ostflügel neun Joche. Nur das zuerst errichtete Nordwestjoch weist ein Kreuzrippengewölbe auf. Wohl infolge der Berufung des Werkmeisters Wolfram von Königsberg kurze Zeit später wurde ansonsten ebenso originell wie aufwendig ein sogenanntes Springgewölbe eingezogen: Die Rippenkonfigurationen sind aus alternierenden Dreistrahlen zusammengefügt, ohne von Gurtrippen getrennt zu werden. Dadurch »springen« die Schlusssteine optisch hin und her, was ein dynamisches Raumgerüst erzeugt. Ihre Unterseiten sind überwiegend mit Wappen von Würzburger Domherren geschmückt, gelegentlich finden sich auch Heiligendarstellungen. Im zuletzt, mit einigem zeitlichem Abstand zu den drei übrigen Flügeln, errichteten Ostflügel sind die Wappen deutlich aufwendiger gestaltet. Außerdem finden sich hier zusätzlich kleinere Wappen jeweils auf den drei in der Mitte zusammentreffenden Rippen; damit werden die Ahnen desjenigen repräsentiert, der sich mit seinem Vaterwappen im Zentrum verewigen ließ.

Die Mauern zum Innenhof öffnen sich in großen, die Wand in voller Breite einnehmenden Fenstern, die innen aufgrund ihrer gedrückten Proportionen annähernd halbrund enden und außen einen nur leicht kielbogigen Abschluss aufweisen. Ihr Maßwerk ist in vier Bahnen gegliedert und im Bogenfeld mit reichen geometrischen Formationen gestaltet. Die Außenmauern des Kreuzgangs zum Innenhof hin sind mit Strebepfeilern versehen, wobei diejenigen des Westflügels eine andere Form als die übrigen besitzen und unvollendet blieben; vielleicht sollten sie ursprünglich eher rahmenartig um das jeweilige Wandfeld verlaufen und mit einer Maßwerkbrüstung oder Fialen abschließen.

Das sich an der Westseite des Ostflügels anschließende Treppenhaus ins Obergeschoss der Sepultur wurde 1653/55 von Heinrich Eberhardt hinzugefügt, der seit 1650 als domstiftischer Werkmeister tätig war. Im Kern aus der zweiten Hälfte des 17. Jahr-

▷ Kreuzgang, Ostflügel

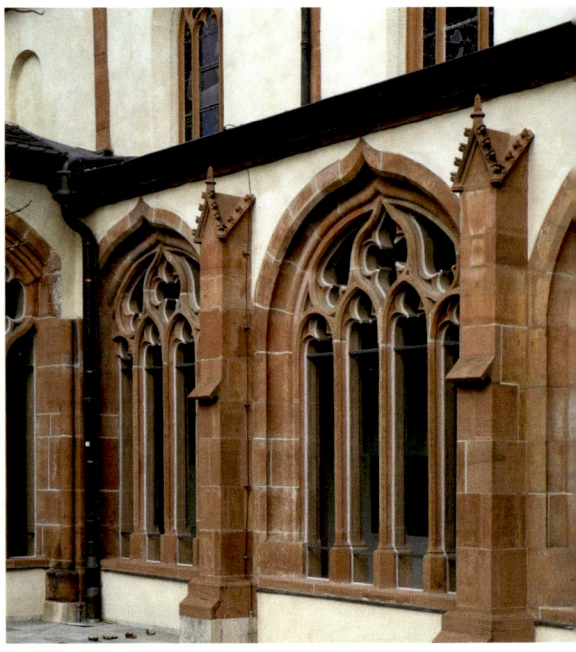

hunderts stammt wohl auch der nach 1945 erneuerte zweigeschossige Bau, der dem Ostflügel westlich zwischen Stiegenhaus und Nordflügel vorgelagert ist. Umschlossen wird der Kreuzgang an Süd- und Westseite vom 1953/54 nach Plänen des nachmaligen Dom- und Diözesanbaumeisters Hans Schädel errichteten und 2013/15 sanierten Burkardushaus.

Zur Sepultur führt am südlichen Ende des Ostflügels ein großes Spitzbogenportal, ein weiterer, kleinerer und heute zugemauerter Durchgang mit der Datierung 1529 befindet sich im Südflügel. Ehemals in die Domschule vermittelte ein ebenfalls verschlossenes Portal im Westflügel. Es enthält in den Zwickeln über dem rundbogigen, von kannelierten Säulen flankierten Durchgang eine Mariae Verkündigung sowie im Gewölk das Christuskind mit Kreuz und Kelch, das hinter der Heiliggeisttaube herfliegt. Das Gebälk trägt ein querrechteckiges Relief mit dem zwölfjährigen Jesus im Tempel zwischen den Schriftgelehrten. Der Inschrift darüber ist unter anderem die Datierung des vermutlich von Veit Baumhauer in etwas derben Renaissanceformen gemeißelten Portals auf das Jahr 1565 zu entnehmen. Das abschließende Wappen gehörte dem Stifter Johann Eglof von Knöringen, der seit 1564 als Angehöriger des Domkapitels das Amt des Domscholasters bekleidete, jedoch 1570 zugunsten des späteren Fürstbischofs Julius Echter von Mespelbrunn davon zurücktreten musste. 1573 bis zu seinem Tod 1575 war er Fürstbischof von Augsburg.

Boden und Außenseiten des Kreuzgangs sind mit zahlreichen, zum Teil stark abgetretenen Grabplatten sowie Grabdenkmälern bedeckt. Spätestens seit dem 14. Jahrhundert

△ Kreuzgang, Schlussstein mit heiligem Kilian

△ Kreuzgang, Detail des Nordflügels

diente der Raum als Grablege für die nichtadligen Kleriker am Dom. Laienbestattungen sind zu jener Zeit noch nicht bezeugt; entsprechende Denkmäler wurden im 19. Jahrhundert von aufgelassenen Friedhöfen wie dem Leichhof der Dompfarrei zwischen Dom und Neumünster oder von abgebrochenen Kirchen hierher verbracht. Erst in der Frühen Neuzeit erhielten gelegentlich auch vornehme weltliche Persönlichkeiten hier ihre Ruhestätte. Seit 2006 finden im Westflügel wieder Bestattungen von Domkapitularen statt, einfache Rotsandsteinplatten decken ihre Gräber. Das diesen Bereich abgrenzende Edelstahlgitter wurde 2012 von dem Würzburger Kunstschmied Markus Müller geschaffen.

Die ältesten erhaltenen Grabplatten reichen bis ins mittlere 14. Jahrhundert zurück, so aus dem Jahr 1357 als erster Stein von Osten im Südflügel der für Archidiakon Dietrich von Maßbach mit einem später abgespitzten Wappenschild im Mittelfeld. Er befand sich nicht ursprünglich im Kreuzgang, seine frühere Aufstellung ist allerdings unbekannt.

Am nördlichen Ende des Westflügels steht das Grabdenkmal eines 1360 verstorbenen Ritters namens Heinrich von Seinsheim mit fast vollrunder Ganzfigur in Rüstung auf einem Löwen. Rechts oben sind der Topfhelm und das Familienwappen zu sehen. Auch dieser Stein kam erst in jüngerer Zeit, vermutlich im 19. Jahrhundert, in den Kreuzgang.

Kein Grabdenkmal im eigentlichen Sinn ist das große Votivbild aus grünem Sandstein im Westflügel. Es wurde 1451 von dem Würzburger Bürger Johann Kraft und seiner Gemahlin Margarethe für den Friedhof der Dompfarrei gestiftet und stand bis 1908 an der nördlichen Außenseite des Domes. Daher rühren die erheblichen Beschädigungen. Über einem schmalen Ständer und einer Inschriftenplatte zeigt es in hochrechteckigem Rahmen die Kreuzigung Christi mit den beiden Schächern sowie den Assistenzfiguren

△ Kreuzgang, Portal zur ehem. Domschule, Detail

Maria, Johannes, Kriegsleuten und Volksmassen. Darunter ist im Querformat die betende Stifterfamilie aufgereiht: rechts der Vater mit zwölf Söhnen, links die Mutter mit sieben Töchtern, auf dem Rahmen flankiert von zwei Wappen.

Aus dem späten 15. Jahrhundert ist die gut erhaltene Grabplatte für Gangolf Dienstmann (gest. 1484) im Ostflügel hervorzuheben. Unter vegetabilem Bogen ist der Kleriker mit Kelch in der linken Hand dargestellt, der knittrige Faltenwurf seiner Kleidung entspricht ganz dem Stil der Spätgotik. Die etwas jüngeren Arbeiten, etwa für Bartholomäus von der Kere (gest. 1508) gleich links daneben, zeigen stilistische Abhängigkeit vom damals führenden Bildhauer in Würzburg, Tilman Riemenschneider.

△ Kreuzgang, Grabplatte Gangolf Dienstmann

△ Kreuzgang, Grabplatte Paulus Truchseß von Wetzhausen

Den im späten Mittelalter etablierten Typus der hochrechteckigen Platte mit Ganzfigur überführt das Grabdenkmal für den 1528 gestorbenen Paulus Truchseß von Wetzhausen zu Unsleben im Ostflügel in die Stilformen der Frührenaissance. Die ebenso dynamische wie technisch feine Gestaltung der Landsknechtsgestalt mit prachtvollem Federbarett lässt auf einen hervorragenden, aber namentlich nicht identifizierbaren Meister schließen.

Ein Werk von Loy Hering ist das ehemals in der Sepultur aufgehängte Renaissanceepitaph des Dompropstes Friedrich von Brandenburg-Ansbach im Westflügel des Kreuzgangs. Mit seinem Landesherrn Fürstbischof Konrad II. von Thüngen war der Verstorbene in politisch brisanter Situation eng verbunden, war es doch Friedrich, der während des Bauernkriegs 1525 als Festungskommandant die Marienburg vor einer Eroberung durch die Aufständischen bewahrte. 1536 starb er in Italien an der Pest. Zeitlich noch vor Herings Grabdenkmal für Konrad II. ist das Brandenburg-Epitaph offenbar das erste dieses Typus in Würzburg, das den Verstorbenen kniend vor dem Kruzifix präsentiert.

Das hochformatige Epitaph für den 1540 verstorbenen Paulus Fuchs von Burgpreppach von Peter Dell d. Ä. im Ostflügel zeigt den geharnischten Ritter auf einem Löwen kniend vor dem Kruzifix. Seinen Helm hat er auf einem würfelförmigen Postament abgelegt, dessen Vorderseite die Initialen des Künstlers enthält. Von demselben Bildhauer stammt das fast unmittelbar links benachbarte Grabdenkmal für den 1548 gestorbenen Würzburger Rat und Hofmeister Hein-

△ Kreuzgang, Epitaph Friedrich von Brandenburg-Ansbach

△ Kreuzgang, Epitaph Martin von Rotenhan, Detail

△ Kreuzgang, Grabdenkmal Jacob Baur von Eysseneck

rich Truchseß von Wetzhausen und seine fünf Jahre zuvor verstorbene Gemahlin Ossana geborene von Raueneck. Zu den gelegentlich witzigen Einfällen des Künstlers gehört das Detail, wie der gewissermaßen als Schemel untergeschobene Löwe die Rüstung des Ritters ableckt.

Am östlichen Ende des Südflügels befindet sich das Grabdenkmal für Jakob Fuchs von Wonfurt. Der ebenfalls auf einem Löwen vor dem Kreuz kniende Ritter gehörte zum Gefolge des Melchior Zobel von Giebelstadt und kam zusammen mit diesem sowie Carl von Wenkheim 1558 beim Attentat auf den Fürstbischof ums Leben. Die zum Teil virtuose, besonders an den Knabenfiguren mit Delphinen auch manieristisch anmutende Ausführung stammt von Thomas Kistner, der sich mit seinen Initialen »TK« in einem kleinen Beschlagwerk ganz unten in der Mitte verewigt hat.

Demselben Typus schließt sich das Epitaph des Ritters Martin von Rotenhan (gest. 1560) im Ostflügel an, allerdings sind hier die Positionen von Verstorbenem und Kruzifix vertauscht, und der Hintergrund ist durch einen Brokatvorhang bereichert. Für dieses besonders ausdrucksstarke Werk – man beachte etwa die ergriffenen Gesichtszüge des Ritters und den seinem Herrn regelrecht lauschenden Helm auf dem Postament – wird der freilich sonst kaum greifbare Christoph Schnebach als Schöpfer angenommen.

Das hohe, vom Boden bis zum Gewölbe reichende Grabdenkmal für den ehemaligen Domherrn und späteren Marschall Georg von

Lichtenstein und Hohenstein (gest. 1566) und seine Ehefrau im Ostflügel rechts neben dem Durchgang zum Querarm enthält auf einem kleinen Schild in der unteren Kehle der Inschrifttafel am Sockel die Jahreszahl 1569 und das Monogramm Veit Baumhauers. Das Paar ist frontal nebeneinanderstehend dargestellt, zwischen den Köpfen ein Gnadenstuhl in Wolken mit flankierenden Engeln.

Bedeutendstes Grabdenkmal des 17. Jahrhunderts ist der stattliche Aufbau für Jacob Baur von Eysseneck im Ostflügel, abgeschlossen durch ein eigenes Gitter mit blütenartigen Aufsätzen. Der 1621 in einer Schlacht bei Roßhaupt, dem heutigen Rozvadov in Tschechien, gefallene fürstbischöflich-würzburgische Oberst steht annähernd in Lebensgröße in der Mittelachse. Viktorien mit Palmwedel halten Siegeskränze über sein Haupt. Die im unteren Drittel mit Trophäen geschmückten Säulen flankierten einst Statuen. Von den drei querformatigen Reliefs mit Reiterschlachten zeigt dasjenige zwischen den Giebelschrägen im Auszug den Tod des Feldherrn. Geschaffen wurde das Grabdenkmal 1622/23 von Michael Kern.

Aus dem 18. Jahrhundert, das ebenfalls mit zahlreichen Grabplatten vertreten ist, ragt als etwas aufwendiger das schwarzmarmorne Epitaph des 1743 gestorbenen Lubentius Cramer im Südflügel hervor. Laut Inschrift im Sockelbereich war es eine Stiftung zweier seiner Brüder.

Von der übrigen heute im Kreuzgang befindlichen Ausstattung ist besonders auf eine unterlebensgroße Kreuzigungsgruppe an ihrem ursprünglichen Standort in der Südwestecke hinzuweisen. Die dramatisch bewegten Figuren Christi am Kreuz mit den Trauernden Maria links und Johannes rechts sind ausgezeichnete Rokokowerke des Lukas Anton van der Auwera, eines jüngeren Bruders des bekannteren Johann Wolfgang van der Auwera. Seine Signatur findet sich am mittleren Sockel rechts unten. Die Datierung geht aus den Chronogrammen auf allen drei Sockeln hervor, bei denen die als römische Zahlzeichen zu lesenden Buchstaben hervorgehoben sind: in der Mitte – hier beschränkt auf die ersten drei Zeilen – 1761 und unter den beiden Assistenzfiguren jeweils 1763. Als Stifter wird der Domvikar Gallus Michael Ulsamer genannt.

Das hochrechteckige Gemälde am Nordende des Westflügels malte Johann Christoph Fesel, 1768 bis 1803 der letzte Hofmaler der Fürstbischöfe von Würzburg, als Ersatz für ein älteres Seitenaltarbild im Langhaus des Domes. Es zeigt die Marter des heiligen Bartholomäus, dem der Legende nach die Haut abgezogen wurde. Als eines der wenigen Altarblätter überstand es die Zerstörung des Domes 1945.

Über der Tür zum Burkardushaus im Südflügel ist ein nach dem Zweiten Weltkrieg

△ Kreuzgang, Kreuzigungsgruppe

zum Vorschein gekommenes Tympanon eines Portals zur Domschule angebracht, das einen Magister lehrend mit großem Folianten zeigt. Die qualitätvolle, farbig gefasste Arbeit wird der Zeit um 1480 zugeschrieben. Eine überlebensgroße Holzstatue des heiligen Bischofs Burkard hat in einer Fensternische weiter westlich Aufstellung gefunden. Mit Maria Lehnens sitzender Figur »Das Fragment« von 2005 in der Nordostecke neben dem Treppenturm und Andreas Kuhnleins nicht minder bruchstückhaft erscheinender Holzskulptur »Sehender« von 2011 im Südflügel hat jüngst auch die zeitgenössische Kunst ihren Platz im Kreuzgang gefunden. Den Innenhof schmücken neben einem spätgotischen Brunnen mit malerischer Barockhaube vier für den Bildhauer Herbert Mehler unverwechselbare Skulpturen aus Corten-Stahl von 2006 und 2013 sowie eine weitere Holzskulptur Kuhnleins mit dem Titel »Auferstandener« von 2013/14.

EHEM. KAPITELHAUS UND SEPULTUR

Das an die südliche Stirnwand des Querschiffs anschließende Kapitelhaus umfasst in seinem Erdgeschoss die als Sepultur bezeichnete Begräbnishalle der Würzburger Domherren. Vom Vorgängerbau aus romanischer Zeit stammen Teile der Mauer zum Kreuzgangostflügel. Im vorletzten Wandfeld von Norden enthält sie eine kleine, ehemals offene Doppelarkade mit Säulchen. Seit den frühen 1450er Jahren wurde ein Neubau errichtet, der spätestens gegen 1477 vollendet war. Seine heutige, etwas geglättet wirkende Erscheinung geht auf den Wiederaufbau 1953 bis 1959 nach starker Brandzerstörung im Zweiten Weltkrieg zurück. Die zweischiffige Halle zu siebeneinhalb Jochen ist wie der Kreuzgang mit Springgewölben versehen. Es ergeben sich insgesamt 28 Schlusssteine; an einem fand sich bis 1945 die Datierung 1461. Die Ostseite der Sepultur bildet eine durch tiefe Wandpfeiler getrennte Reihe von sieben Kapellen über querrechteckigem Grundriss. Sechs dieser chorartigen Anräume sind mit Knickrippensternen überwölbt, die mittlere erhielt ein Springrautengewölbe. Große Spitzbogenfenster, an der Südseite mit vierbahnigem Maßwerk, spenden das notwendige Licht.

Im oberen Bereich der Seitenwände in den Sepulturkapellen – mit Ausnahme der mittleren – ist jeweils ein rechteckiger Wappenstein eingelassen. Dabei dürfte es sich überwiegend um Wappen der Stifter des jeweiligen Bauteils handeln, der zugleich wohl als deren Grablege gedient hat. Von Norden angefangen sind im ersten Chörchen die Wappen des Kilian von Bibra und Reinward von Kosbod, im zweiten Christoph von Grumbach und Rudolf von Scherenberg noch in seiner Funktion als Kanoniker und Scholaster vor der Wahl zum Fürstbischof 1466, in der dritten Kapelle Ludwig von Weyhers und Ulrich Voit von Rieneck, in der fünften beidseitig Truchseß von Wetzhausen, im sechsten Chörchen Georg von Künsberg und Konrad von Redwitz sowie schließlich ein unbekanntes Mitglied der Familie Eyb und Arnold von Brende repräsentiert. Genaue Datierungen sind jedoch – mit der Ausnahme einer Bauinschrift von 1477 bei Christoph von Grumbach – nicht angegeben.

Im Fußboden der Sepultur wurden bis zur Säkularisation 1803 die Domkanoniker beigesetzt. Ihre Grabplatten lagen in vier Reihen zu je 34 Plätzen, insgesamt standen also 136 Stätten zur Verfügung. Im Lauf der Zeit wurden viele mehrfach belegt, die jeweils neue Grabplatte hielt dann mitunter durch eine Gedenkinschrift die Erinnerung an den zuvor im gleichen Grab Bestatteten fest. Nachweislich reichen die Beisetzungen bis ins 14. Jahrhundert zurück, also noch vor Errichtung der heutigen spätgotischen Halle. Damit die Platten nicht weiter abgetreten wurden, hat man sie 1908 teils in der Sepultur selbst, wo sie 1945 in beträchtlichem Umfang beschädigt oder ganz zerstört wurden, und teils im Kreuzgang an den Wänden aufgestellt. Im Südteil der Sepultur und in den drei südlichsten Kapellen liegen heute Domkapitulare des 19. bis beginnenden 21. Jahrhunderts beerdigt.

Die älteste noch in der Sepultur befindliche Grabplatte gilt dem 1487 verstorbenen Domkanoniker und -pfarrer Heinrich von Lichtenstein mit einer ganzfigurigen Darstellung in flachem Relief unter spitzbogig schließendem Geäst. Sie befindet sich an der Westwand neben weiteren Steinen der Spätgotik, die zum Teil der Werkstatt Tilman Riemenschneiders zugeschrieben werden.

Aus dem 16. Jahrhundert ist zunächst eine Bronzegrabplatte an der Nordwand der sechsten Kapelle hervorzuheben. Dargestellt sind in Ganzfigur zwei Geistliche; eine Inschrifttafel vor ihnen weist auf ihre Identität hin, Gottfried und Kraft von Hohenlohe, nennt aber keine Daten. Denn angefertigt

△ Sepultur, Innenansicht nach Südosten

△ Sepultur, Wappenstein in der siebten Kapelle

dreier Mitglieder der bedeutenden Grafenfamilie gedacht.

An der Nordwand der zweiten Kapelle hängt das steinerne Epitaph für Martin von Wiesenthau (gest. 1554), das laut Inschrift am Rand des rundbogigen Abschlusses von seinem Bruder Dietrich von Wiesenthau gestiftet und 1564 von Thomas Kistner angefertigt wurde. Dessen Initialen finden sich neben dem Totenkopf am Fuß des Christuskreuzes, vor dem der Verstorbene mit ausdrucksvollem Gesicht kniet.

Die Grabplatte für Paulus von Streitberg (gest. 1570), Domherr in Würzburg und Bamberg, in der letzten Kapelle ließen laut Inschrift seine Erben anfertigen. Die bronzene Grabplatte für den Domkanoniker und Stiftspropst an St. Burkard Albert Schenk von Limpurg (gest. 1576) ist laut Signatur am unteren Rand ein Werk des Nürnberger Gießers Jörg Straubinger von 1580.

Ein in Stein gemeißeltes Epitaph – heute in der dritten Kapelle – erhielt schon sieben Jahre vor seinem Tod 1594 Gottfried von Wirsberg durch Erhard Barg. Wie dessen etwa gleichzeitiges Epitaph für Erasmus Neustetter genannt Stürmer im Nordseitenschiff des Domes zeichnet sich die freilich stark beschädigte und mit zahlreichen Rissen überzogene Arbeit durch große Detailfreude und Feinheit aus. Im giebelartigen Auszug ist die Marienkrönung verbildlicht.

Ebenfalls gelitten hat das Epitaph für den 1609 im Alter von 29 Jahren verstorbenen Julius Ludwig Echter von Mespelbrunn, einen Neffen des damals regierenden Fürstbischofs und von 1603 bis 1605 Rektor der von jenem gegründeten Universität Würzburg, an der Südwand der sechsten Kapelle. Der Verstorbene kniet an einem Betpult unter einem dramatisch bewegten Gnadenstuhl. Als Schöpfer des in seiner Einheitlichkeit bereits frühbarocken Werkes gilt Zacharias Juncker.

In Bronze gegossen sind die jüngsten Grabdenkmäler, so die Platten für Johann Gerwick von Schwarzenberg-Hohenlandsberg (gest. 1608) und für Conrad Ludwig Zobel von Giebelstadt (gest. 1619) jeweils mit einer

wurde die Platte, wie die Umschrift verrät, eigentlich für den Domherrn Philipp von Hohenlohe-Waldenburg-Neuenstein, der 1541 bei einem Duell getötet wurde. An sich war ein solches Herren des geistlichen Standes nicht erlaubt. Streitgegenstand soll ein bei der Jagd geschossener Hase gewesen sein. Mit diesem Monument wurde also gleich

△ Sepultur, Grabplatte Philipp von Hohenlohe-Waldenburg-Neuenstein

▷ Sepultur, Fenster der vierten Kapelle von Norden, © Georg-Meistermann-Nachlassverwaltung, Dr. Justinus Maria Calleen / VG Bild-Kunst, Bonn 2023

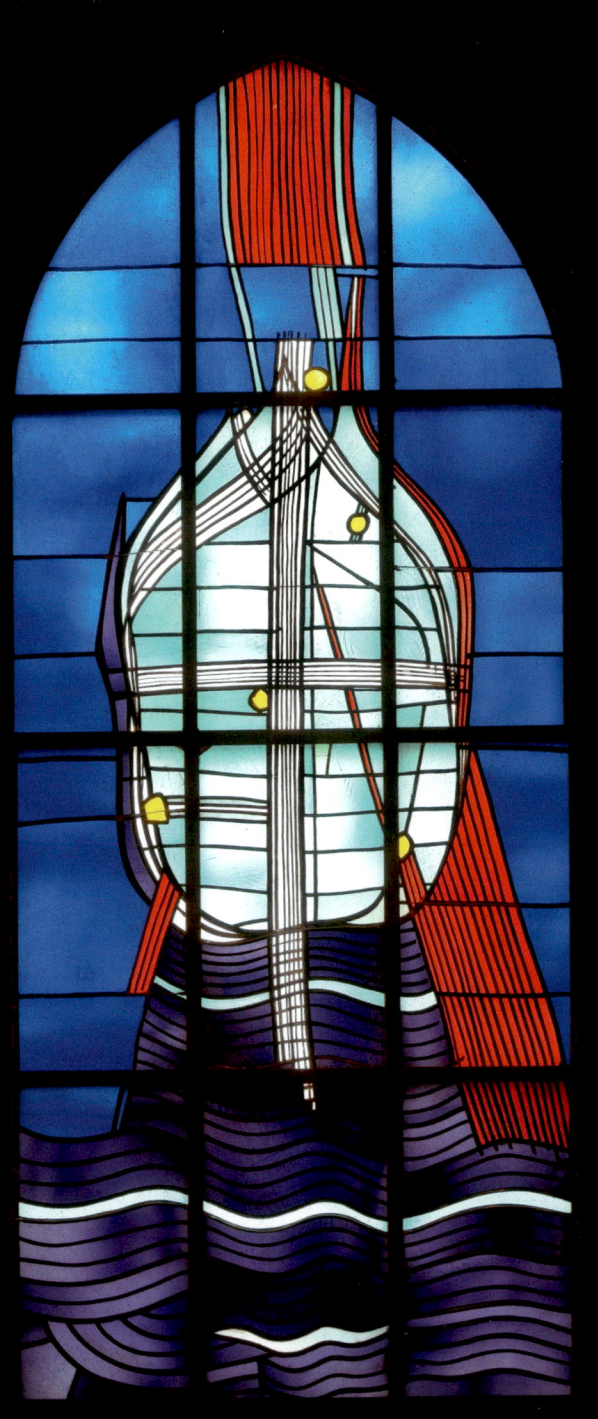

△ Sepultur, Fenster der siebten Kapelle von Norden, © Georg-Meistermann-Nachlassverwaltung, Dr. Justinus Maria Calleen / VG Bild-Kunst, Bonn 2023

ganzfigurigen Darstellung des Verstorbenen. An der Nordwand der siebten Kapelle hat das Hängeepitaph für Johann Richard von und zu Franckenstein (gest. 1675) seinen Platz gefunden, das ein Dreiviertelportrait des Klerikers in ovalem Rahmen präsentiert. Mit langen Inschriften sind die Metalltafeln für Scholaster Anton von Wiltberg (gest. 1691) an der Nordwand der ersten Kapelle und in der benachbarten zweiten Kapelle für die Brüder Friedrich Johann Georg von Sickingen (gest. 1719) und Franz Peter von Sickingen (gest. 1736) versehen, letztere laut Signatur eine Arbeit des Würzburger Gießers Johann Adam Roth. An den 1769 verstorbenen Wilhelm Jakob von Zu Rhein erinnert ein spätbarockes Epitaph an der Südwand der ersten Kapelle. Die ausführliche Inschrift nennt noch zwei weitere Domherren, Ignatius Theobaldus von Reinach (gest. 1727), Kanoniker an der Würzburger Domkirche und auf der Comburg und Propst zu St. Burkard in Würzburg, sowie Wilhelm Jakob von Reinach (gest. 1737), der unter anderem 1713 bis 1715 als Rektor der hiesigen Universität wirkte. Alle diese Tafeln sind technisch beachtliche Arbeiten und dokumentieren das hohe Niveau des Würzburger Gießerhandwerks, die für den Entwurf verantwortlichen Künstler sind jedoch bislang unbekannt.

Im Übrigen stammt die heutige Ausstattung der Sepultur im Wesentlichen aus jüngerer Zeit. Bereits der ersten Wiederaufbauzeit nach dem Zweiten Weltkrieg gehören die farbigen Verglasungen der insgesamt elf Spitzbogenfenster an, 1956 von der in Düsseldorf-Kaiserswerth ansässigen Firma Derix nach Entwürfen Georg Meistermanns angefertigt. Die sieben Ostfenster und die zwei Öffnungen auf der Südseite veranschaulichen die wichtigsten Zeiten und Feste des Kirchenjahrs, wobei der Künstler bewusst abstrakt-reduzierte Formen gewählt hat, die bei der Betrachtung einen breiten Interpretationsspielraum lassen, aber auch sichtbar machen, dass einer bildlichen Darstellung der christlichen Offenbarung Grenzen gesetzt sind. Den Beginn macht in der ersten Kapelle das Thema »Advent« mit einem breiten vertikalen Band in Blau-Grün, das sich kaskadenartig wie ein Wasserstrom über die volle Höhe des Fensters ergießt. In der zweiten Kapelle mit dem Thema »Epiphanie« weitet sich, von einem winzigen Punkt ganz oben ausgehend, eine bläuliche Fläche zum Umriss eines Fisches als Symbol für Christus, unterbrochen und zugleich wie umgürtet von drei gelben Querbalken. Das dritte Fenster ist der österlichen Bußzeit, der Fastenzeit, gewidmet: Eine baumartige, durch seine grätenartige Struktur aber auch an eine Ähre erinnernde Form in der Mittelsenkrechten wurzelt in einem roten Untergrund und gemahnt auf diese Weise an die Passion Christi, der sein Blut am Kreuz vergossen hat, um die Menschheit zu erlösen. Der vierten Kapelle als Zentrum der Reihe ist die Veranschaulichung des Ostermysteriums vorbehalten: Ein Samenkorn mit einem Kreuz und fünf gelben Lichtpunkten als Symbolen der Wundmale keimt als neues Leben aus einem wellenförmigen Boden. »Pfingsten« ist das Thema des Fensters in der fünften Kapelle, bei dem zwei rautenförmig miteinander verwobene Lichtbänder mit fünf zungenartigen Bildungen von oben herabzuströmen scheinen. Die Fischform des zweiten Fensters greift das sechste ungemein suggestive Fenster wieder auf, allerdings in anderer, überwiegend tiefblauer Farbigkeit; hier ist die Dreifaltigkeit gemeint, deren in der Kunstgeschichte tradierter figürlich-gegenständlicher Darstellung Meistermann hier eine abstrakte Alternative gegenüberstellt. Das siebte Fenster mit einem roten Herz inmitten weißer Tropfen vor dem Hintergrund des blauen Lebensstromes verbindet das Thema der Eucharistie mit den Festen Fronleichnam und Herz Jesu. Mit den beiden kleinteilig strukturierten Fenstern zu Allerheiligen und Allerseelen an der Südseite zollt Meistermann der Sepultur als Begräbnisraum für die Domherren Tribut. Die beiden dreibahnigen Fenster zum Kreuzgangostflügel hin zeigen in hellen Blautönen rautenförmige Tropfenmotive.

Im Zentrum der um zwei Stufen erhöhten Altarinsel vor der mittleren Kapelle steht ein quaderförmiger Altartisch von Max Walter aus dem Jahr 1978, links dahinter ein monumentales Bronzekruzifix Ernst Singers von 1968. In jüngster Zeit kamen an der Westwand die 13 Stationen des Kreuzwegs von Ben Willikens von 2010, vor der Südwand die vier in Eisen gegossenen Evangelistenköpfe Karlheinz Oswalds von 2012 und aus demselben Jahr in der romanischen Doppelarkade eine Terrakottafigur Christi im Grab von Mutsuo Hirano hinzu. Schon zur Ausstattung vor 1945 gehörte der hohe gegossene Leuchter, vermutlich eine Nürnberger Arbeit.

Die Umschrift am Fuß nennt die Jahreszahl 1511 und den Stifter Dompropst Albert von Bibra, dessen Grabplatte im Nordseitenschiff hängt. Die Orgel vor der Nordwand mit dem hübschen Rokokoprospekt ist ein Werk des vielbeschäftigen Würzburger Orgelbauers Johann Philipp Seuffert aus dem Jahr 1746. Sie stand ehemals in der katholischen Pfarrkirche in Oberpleichfeld und wurde 1979 in die Sepultur übertragen. Sie verfügt über elf Register auf einem Manual.

Das jetzige Obergeschoss über der Sepultur ist in seiner äußeren Gestalt eine Schöpfung der Nachkriegszeit anstelle eines Baus von 1688/89. Den Umbau der Räumlichkeiten 2007/08 für die Zwecke der Dommusik leitete Diözesan- und Dombaumeister Cesare Augusto Stefano.

△ Sepultur, Kreuzwegstation »Weinende Frauen«, © VG Bild-Kunst, Bonn 2023

LAPIDARIUM UND DOM-SCHATZ

Vom westlichen Ende des Südseitenschiffs aus gelangt man in die ehemalige Taufkapelle, in der von 1967 bis 2012 das Taufbecken stand. Das Mosaik an der flachen Decke entstand nach Entwürfen von Karl Clobes und erinnert in seinem blau-grünen Farbklang und den wellenförmigen Figurationen um die runde Mittelöffnung an das lebensspendende Wasser der Taufe. Seit 2012 das Taufbecken wieder ins Mittelschiff versetzt wurde, dient der Raum als Zugang zum Lapidarium und zur musealen Aufbewahrung des Domschatzes. Blickfang hier sind die beiden an der Vorderseite ihrer Kämpferplatten mit »Booz« und »Jachim« bezeichneten Knotensäulen. Der ursprüngliche Aufstellungsort dieser ob ihrer außergewöhnlichen Form schon im frühen 19. Jahrhundert vielbewun-

derten Stützen ist unbekannt. Vermutung muss bleiben, dass sie aufgrund der alttestamentlichen Überlieferung, nach der die beiden Säulen am Eingangstor des Tempels in Jerusalem dieselben Namen trugen, zu einem früheren Portal des Domes gehörten. Ihre Datierung ist mit Blick auf die Knospenkapitelle auf die Zeit um 1220/50 am wahrscheinlichsten.

Ebenfalls hat in der ehemaligen Taufkapelle die älteste erhaltene Grabplatte des Domes ihren Platz gefunden. Auf der sichtbaren Oberseite ist sie mit einem durchgehenden Längsband und an den beiden Plattenenden mit je zwei schräg zu den Ecken laufenden Bändern sowie Kreuzen, Kreisen und Ringen geschmückt. Eine Inschrift auf der zur Wand hin gerichteten Unterseite verweist auf einen Propst Ebbelin. Die Deckplatte wurde 1950 im Mittelschiff auf einem Kastengrab gefunden und wird ins 11. Jahrhundert datiert.

Der folgende Raum in westlicher Verlängerung des nördlichen Kreuzgangflügels birgt die Sammlung des sogenannten Lapidariums. Hier sind bauliche Zeugnisse aus der Geschichte des Domes seit dem frühen Mittelalter bis zur Gegenwart versammelt. Wohl zum ersten an heutiger Stelle nachweisbaren Dombau des 9. Jahrhunderts gehörte ein rund 24 cm hoher Kämpfer, der

△ Lapidarium, Knotensäulen

△ Lapidarium, Kämpfer des 9. Jahrhunderts

1960 im Westbau als zweitverwendet zum Vorschein kam. Ursprünglich trapezförmig, zeigt er fächerförmig angeordnete Kanneluren. Damit ist er karolingischen Stücken eng verwandt, die sich etwa in der Pfalz zu Ingelheim und in der Ratger-Basilika zu Fulda vorgefunden haben.

Ein benachbarter Kämpfer mit stilisiertem Rankenwerk stammt vom romanischen Dom des 11. Jahrhunderts und bildete einst den oberen Abschluss eines Pilasters außen am östlichen Ende des südlichen Seitenschiffs. Zwei sogenannte Kantensäulenpfeiler – einem kreuzförmigen Pfeilerkern sind Viertelsäulen einbeschrieben – standen einst in den Obergeschossen der Osttürme aus dem frühen 13. Jahrhundert. Als Teil einer Heilig-Grab-Anlage in der Krypta befanden sich ehemals die beschädigten Reliefs zweier schlafender Wächter aus der Zeit um 1380. Zu nennen sind ferner die vielleicht in der Werkstatt Tilman Riemenschneiders gefertigten Fragmente dreier Schlusssteine aus dem beginnenden 16. Jahrhundert mit den Darstellungen von Kilian, Kolonat und Totnan. Sie kamen nach 1945 im Schutt der Ornatkammer zum Vorschein und bekräftigen Vermutungen, nach denen in jenem Raum einst die Büsten der heiligen Frankenapostel aufbewahrt wurden. Weitere Exponate im Lapidarium dokumentieren die Auswirkungen des Brandes 1945; so ist als einziger Rest des ehemaligen Hochaltars von Balthasar Esterbauer ein aus Bronze und Kupfer geschmiedetes korinthisches Kapitell zu sehen. An der Ostwand hängt das von Karl Behrens 1883 aus Kalkstein gehauene Tympanonrelief des ehemaligen neuromanischen Westportals mit dem zwischen Engeln thronenden Christus.

Die Geschichte des Würzburger Domschatzes ist von mehrfachen großen Verlusten geprägt. So wurde der Bestand an liturgischem Gerät, der sich über die Jahrhunderte angesammelt hatte, schon 1552 infolge des Zweiten Markgräflerkrieges dezimiert, als sich das Domstift gezwungen sah, beträchtliche Teile davon zur Bestreitung der Kriegskosten einzuschmelzen. 1631 bei der Eroberung von Stadt und Burg in Würzburg fiel der Domschatz als Kriegsbeute den Schweden in die Hände. Im Laufe der darauffolgenden gut eineinhalb Jahrhunderte wieder aufgefüllt, wurden 1794/95 aufgrund der Koalitionskriege gegen Frankreich erneut große Bestände im Wert von mehr als 60.000 Gulden eingeschmolzen. Zu weiteren Verlusten führte wenige Jahre später die Säkularisation. Schließlich sorgte der Feuersturm am 16. März 1945 dafür, dass der Würzburger Domschatz im Verhältnis zu denen anderer Bistümer verhältnismäßig klein ist. Die derzeitige Präsentation ist museal, und aus konservatorischen Gründen kann es zum Austausch von Objekten kommen.

Zu den bedeutendsten erhaltenen Stücken des Mittelalters gehören zwei bronzene Löwenköpfe, die um 1040 wohl in Mainz für den Dom des Bischofs Bruno entstanden und vielleicht am Hauptportal ihren ursprünglichen Platz hatten. Aus der Sepultur hat eine aus Rotsandstein bestehende Grabplatte hier ihren Platz gefunden, die für den 1512 verstorbenen Domkanoniker, Archidiakon und seit 1497 Generalvikar Johann Schott geschaffen wurde. Außerdem enthält sie das Ganzfigurenbildnis von und die Gedenkschrift für einen bereits vierzig Jahre zuvor verstorbenen Verwandten namens Heinrich Schott. Die trotz Beschädigungen spürbare Feinheit und Ausdruckskraft des flachen Reliefs weist auf die Werkstatt Riemenschneiders hin. Daneben befindet sich die ehemals im Südseitenschiff hängende Bronzegrabplatte für Martin von Kere, Domdechant von 1494 bis zu seinem Ableben 1507, aus der Nürnberger Vischer-Werkstatt.

Einige Exponate in den Vitrinen waren Beigaben, die man nach 1945 in den Gräbern der Fürstbischöfe im Dom gefunden hat, darunter Schwert, Stab und Ring des 1400 verstorbenen Gerhard von Schwarzburg. Erhalten hat sich ferner die in Zinn gegossene und gravierte Herzurne des Fürstbischofs Franz von Hatzfeld (1633–1642), die aufgrund seines Todes mitten im Dreißigjähri-

gen Krieg nicht – wie üblich – nach Ebrach gebracht, sondern auf dem Bartholomäusaltar im Langhaus des Domes aufbewahrt wurde, dort in Vergessenheit geriet und 1945/46 sogar Brand und Einsturz überstand.

Eines der wenigen Stücke an liturgischem Gerät aus dem alten Bestand der Domkapitelsakristei ist ein 1773/75 von dem Augsburger Hofgoldschmied Georg Ignatius Christoph Baur in schönstem Rokokostil geschaffener Messkelch. Die emaillierten Malereien auf dem Fuß und auf der Kuppa zeigen insgesamt sechs Szenen aus der Passion Christi: Letztes Abendmahl, Christus am Ölberg und Geißelung sowie Dornenkrönung, Fall Christi unter dem Kreuz und Kreuzigung.

Das Prunkstück der Sammlung an liturgischer Kleidung bildet der sogenannte Schönbornornat, bestehend aus einem Messgewand, zwei Levitengewändern, einem Chormantel, zwei Stolen, drei Manipeln und einem Kelchvelum. Vermutlich hat Johann Philipp Franz von Schönborn die prachtvoll mit Blüten gestickten Gewänder um 1720 für die Hofkirche in der Residenz anfertigen lassen. Wohl auf Antrag des 1821 neu ernannten Bischofs Friedrich Groß von Trockau gelangten sie in den Dom.

Die sogenannte Kirchenvätermitra mit den stark reliefierten Büsten der Heiligen Gregor, Ambrosius, Augustinus und Hieronymus verbindet sich wieder mit dem Namen des Fürstbischofs Franz von Hatzfeld: Vermutlich entstand die kostbare Kopfbedeckung anlässlich seiner Bischofsweihe am Ostersonntag 1637, die wegen der Kriegsereignisse erst fünf Jahre nach seiner Wahl erfolgen konnte. Zur Weihe Josef Stangls am 12. September 1957 fertigte die Paramentenwerkstatt der Schwestern des Erlösers in Würzburg eine Mitra, die in abstrahiert-stilisierter Formensprache eine in Flammenzungen schwebende Heiliggeisttaube sowie auf der Rückseite die Pfingstsequenz »Veni Sancte Spiritus« (»Komm, Heiliger Geist«) zeigt und damit auf das Pfingstfest als dem die Kirche begründenden Ereignis hinweist. Zugleich weist die Gestaltung auf das Wappen des Bischofs hin, das ebenfalls Flammenzungen enthält.

△ Lapidarium, Ehem. Tympanonrelief des Westportals

△ Domschatz, Türklopfer

ZEITTAFEL

um 689 Martyrium der Frankenapostel Kilian, Kolonat und Totnan in Würzburg

741/42 Gründung des Bistums Würzburg durch Bonifatius; der Angelsachse Burkard wird erster Bischof

787/88 vielleicht Weihe des ersten, wohl an der Stelle des heutigen Neumünsters errichteten Dombaus, der Überlieferung nach im Beisein Karls des Großen

855 Zerstörung des ersten Domes durch Brand, anschließend Neubau an heutiger Stelle

10. Jh. Neubau

um 1035/40 Beginn einer großen Erweiterung des Domes durch Bischof Bruno

1045 Weihe der Chorkrypta und Bestattung von Bischof Bruno

2. Hälfte 11. Jh. Vollendung des von Bruno begonnenen Werkes als vollständiger Neubau

1133 Enzelin, der erste bekannte Würzburger Dombaumeister, erhält von Bischof Embricho den Auftrag, den Dom wiederherzustellen und zu verschönern; wohl Neubau des Daches und Aufstockung der Westtürme

1187/88 drei Altarweihen deuten auf den Abschluss umfangreicher Erneuerungen im Chor und die Erhöhung des Mittelteils zwischen den Westtürmen hin

frühes 13. Jh. Bau der Osttürme

1498/1505 Einwölbung der Seitenschiffe

1607/08 Einwölbung von Mittelschiff und Querschiff durch Lazaro Augustin

1700/01 Absenkung des Vierungsbereichs und Verschüttung der Vierungskrypta

1701/06 Barockisierung mit Stuckierung durch Giovanni Pietro Magno

1749/50 Absenkung des Altarraumes und Umbau der Chorkrypta

1756/58 Neubau des Dachstuhls und Erhöhung der Hauptapsis

1803 Ende des Fürstbistums Würzburg

1817/21 Wiedererrichtung des Bistums Würzburg

1879/86 Umgestaltung des Westbaus in neuromanischen Formen und Erneuerung von Portalen und Sockel

1945 am 16. März Brand des Domes nach Luftangriff

1946 am 20. Februar Einsturz der nördlichen Hochschiffmauer des Langhauses

1967 am 6. Mai Abschluss des Wiederaufbaus mit der Weihe des neuen Hochaltars

1987/88 Innenrenovierung und Umgestaltung des Chors

2011/12 Innenrenovierung und Neugestaltung

LITERATUR

AUSGEWÄHLTE LITERATUR

Boll, Walter: Die Schönbornkapelle am Würzburger Dom. Ein Beitrag zur Kunstgeschichte des XVIII. Jahrhunderts, München 1925.

Borchardt, Karl: Die Würzburger Inschriften bis 1525, Wiesbaden 1988 (Die deutschen Inschriften Bd. 27, Münchener Reihe Bd. 7).

Bürger, Stefan: Spätgotische Baukunst in Unterfranken – Ein Überblick zur Baukultur von 1370 bis 1530, 2 Bde., Würzburg 2022.

Bruhns, Leo: Würzburger Bildhauer der Renaissance und des werdenden Barock 1540–1650, München 1923.

Emmert, Jürgen/Lenssen, Jürgen/Schneider, Wolfgang: Kiliansdom Würzburg, Regensburg 15. Auflage 2016 (Schnell & Steiner Kunstführer Nr. 232).

Hauschke, Sven: Die Grabdenkmäler der Nürnberger Vischer-Werkstatt (1453–1544), Petersberg 2006 (Bronzegeräte des Mittelalters 6).

Hegel, Wolfgang: Die Stuckausstattung von Giovanni Pietro Magno im Würzburger Dom (1701–1967), Würzburg 2019 (Quellen und Forschungen zur Geschichte des Bistums und Hochstifts Würzburg Bd. 78).

Kossatz, Tilman: Johann Philipp Preuß (1605–ca. 1687). Ein Beitrag zur Genese barocker Bildkunst in Franken, Würzburg 1988 (Mainfränkische Studien Bd. 42).

Kummer, Stefan: Kunstgeschichte der Stadt Würzburg 800–1945, Regensburg 2011.

Lenssen, Jürgen (Hg.): Der Kiliansdom zu Würzburg, Regensburg 2002.

Mader, Felix: Stadt Würzburg, München 1915 (Die Kunstdenkmäler von Unterfranken und Aschaffenburg Bd. 12).

Muth, Hanswernfried: Der Dom zu Würzburg, Würzburg 1968.

Sander, Johannes: Die Baugeschichte des Würzburger Domes im Mittelalter, Würzburg 2021.

Sander, Johannes/Weiß, Wolfgang (Hg.): Der Würzburger Dom im Mittelalter. Geschichte und Gestalt, Würzburg 2017.

Schömig, Richard (Hg.): Ecclesia Cathedralis. Der Dom zu Würzburg, Würzburg 1989.

◁ Domschatz, Bischofsstab und Schwert Fürstbischof Gerhard von Schwarzburg